沧海桑田，方显人物本色
沧海一粟，犹见历史一斑

沧海文丛

逃难记

章桂和丰子恺的风雨人生

张振刚 著

ZHEJIANG UNIVERSITY PRESS
浙江大学出版社

难是天，逃是伞。

其实，我们每天都在逃难。

——题记

是法平等，无有高下。

——《金刚经》

自　序

　　章桂是个九十岁的男人。我之所以称呼他"男人"，而不尊他为"老人"，是因为他虽已年过耄耋，在过去的半个多世纪里受尽摧残，却并不看破红尘；至今眼好耳好牙口好的章桂，一个人居住在康西弄一幢破旧的房子里，想起往事便会泪流满面。

　　我怎么会想到要写章桂的呢？对于一个有近三十年小说创作经历的人而言，创作小说同时也创作了他自己。长期以来对虚构的偏好，使我忽视甚至排斥对真人真事的记录；我认为自己已不适应写纪实性的文字了。可是2007年的秋天，我遭遇了章桂。芸芸众生中的章桂，是因为他与丰子恺的特殊关系，才进入我的视野的。章桂暂时转换了我的写作方向，我决定试一试纪实性散文的创作了。

　　说起来，其实我早就知道章桂了，知道他跟丰子恺及其一家在历史上有过非常亲密的关系。但是我错过了，一错过差不多就十好几年，直到2007年的秋天，一个偶然的机会，我俩坐到了一张饭桌上。

十来个人的便宴，内有两位长者，除九十岁的章桂，还有小他两岁的杨乔杨子才。他们是石门湾同乡，老相识了，抗战时期由不同途径流亡到桂林，曾经在那里共同办过一个名叫"崇德书店"的书店，并一起工作了两个月，直到日本飞机把这书店化为灰烬。

那天杨乔似乎兴致很高，不停地说着什么，章桂则只是安静地吃着。忽然，杨乔隔着饭桌嬉笑着说章桂怎么怎么。我没听清，但是章桂听清了，他有点爱理不理，说，你这个人啊。

这一细节给了我很深的印象。后来，瑜荪兄说起丰子恺的同时代人越来越少，与丰子恺接触过并且了解丰子恺的人也越来越少，像章桂、杨乔、丰桂这样的老先生，让他们动手写可能有一定困难，所以最好有人能去采访他们。瑜荪兄说了之后，不知为什么，我突然心动了。于是，从去年11月份开始到今年3月，我与章桂断断续续进行了四次共计十天的弥日长谈。我进入了章桂的世界，与此同时，我也进入了丰子恺的一部分世界。

刚才说过，采访章桂的初衷是因为丰子恺。可是，在康西弄那幢简陋的房子与章桂对话之后，我决定调整焦距，把主要镜头对准章桂，因为我明白了，在大时代的洪流里，一个小人物同样承受着人性的煎熬。事实上，对章桂的叙写离不开对丰子恺叙写的依赖；就是说，写章桂必然要写到丰子恺，而且从章桂的视角，丰子恺不单是一位大师，更是一个平凡、常态、多面、真实生动的普通人。这里记叙的丰子恺的故事，许多尚不为大众所知晓，所以也算得上是丰子恺的一部另类传记，除了不无锦上添花的嫌疑，似有切入人性肌理的深刻。锦上添花总让写作者缺乏应有的写作热情，而抉别人性肌理的深度细节往往会激发他持续不断的创作激情。从这个角度看，写作这本书仍然没有违背我的初衷。

对章桂的采写，在我是一次全新的叙述历险。我摆脱了恼人的虚构，摆脱了对意义的苦苦追逼，只是跟随曾经发生过的历史事实老老实实地写下来。让人始料未及的是，就在我这么做的时候，事实却意外地闪起了文学的光焰。

美国作家托马斯·沃尔夫说："现世的每一分钟都是四万年历史的结晶，日复一日，人们苍蝇般地飞向死亡，寻找归宿，这期间的每一刻都是窥视整个历史的一扇窗户。"我可以仿照托马斯的话说，七十年前章桂跟随丰子恺在石门湾开始的苦难生活，如今依然不同程度地在各处搬演着。这也许就是我努力写作这本小书的一个理由吧。

张振刚

2008年4月11日

目
录

逃难前·石门（一）

山上有好水，平地有好花。

——马一浮改野老路亭诗

1

一个人走这条路，不走那条路，既是宿命，也非宿命，既是偶然，也非偶然——这实在是所谓神火鬼火凑合的结果。章桂出生在崇德县（今浙江省桐乡市崇福镇）五泾乡庙头村的曹家桥，一个世代务农的贫苦人家，本来他应当继承父辈，种田为生，然后娶妻生子，再把衣钵传承下去，平平常常、平平静静、平平淡淡过完一生。但是偏偏在他十七岁那年，由于机缘，他遇上了一位"贵人"，命运将他领上了另一条道路。多年以后，说起来，连他自己也不能确定，这到底是幸呢，还是不幸。他家祖上出过一位秀才，因此耕读传家的观念从小就蛀蚀了他的灵魂。有一年，村上一家富户为儿子请了个西席。这家富户与章家有一点点拐弯亲，章桂的父亲争取到了让章桂去当伴读的机会，因而在东家少爷开蒙的同时，章桂也跟着开了蒙。开了蒙的章桂喜欢上了文字和书画，这无意间为他日后和那位"贵人"搭上话语打下了基础。

旧小说不必说，从前的传记写传主，也多半有一个出生环境的隐喻故事。比如陈寿在《三国志》里，说刘备"少孤，与母贩履织席为业。舍东南角离（篱）上有桑树生，高五丈余，遥望见童童（幢幢）如小车盖。往来者，皆怪此树非凡，或谓当出贵人"。刘备自己也夸口将来"必当乘此羽葆盖车"，意思是要当皇帝。其实只不过是一棵特别高大茂盛的桑树而已；作为隐喻，那是刘备当上皇帝之后陈寿替他追认的。又比如丰子恺的老师，后来成为一代高僧弘一法师的李叔同，诞生时有喜鹊衔松枝飞入室内，落在产妇床前，被父母视为异兆。法师自己也一直将此松枝携带身边，轻易不肯示人，直到他六十三岁圆寂时，这松枝还端然挂于禅榻旁的墙上。一般人也认定喜鹊衔木是一种隐喻，倒是法师自己看得明白，他只把它当作一件纪念品，长带身边是为了崇志其父母生育劬劳的大恩而已。章桂的出生地庙头村，在历史上就有过相似的隐喻事件，但它似乎并不隐喻任何人，当然更不隐喻章桂。

崇德一带地处江南水乡，河湖港汊，连水成网。五泾乡尤其突出，小小一个弹丸村镇，竟有五条河流纵横交织汇合于此，它们是：三登桥港、日晖桥港、沈店桥港、南双桥港、北双桥港。港、泾，都是河的代称，五条河汇集，现成地名就叫五行泾（方志上书写为"五河泾"，我认为不准确。"河"就是"泾"呀！），简称五泾。

五泾集镇北三里，北双桥港支流葛家桥港的一处河湾有个村子叫庙头村。庙头村是因为一座庙得名的。这庙有个稀奇古怪的名字：淹蹄庙。庙名匪夷所思，其实有段传说故事。康王泥马渡江的故事可以说家喻户晓，淹蹄庙一节是它的后续。据传，康王赵构骑着泥马一路向南逃往杭州，途经五泾镇北这个地方时，天色已晚。问起路程，说离杭州已经不远，赵构不由得吁了一口气，说，好了好了，总算到了！话未说完，泥马松了劲，一个趔趄，一条前腿就落进河里。本来那马憋足一股子气，也许能坚持到杭州，现在劲一松，气就散了，一条泥腿正好掉进了河里。后来康王是如何到的杭州不得而知，这里的百姓却忙碌起来。他们认为御马的马蹄落在河里，这地方肯定沾染上了王气，而沾染了王气意味着能得福荫，能出贵人。于是公议之后，集资修建了一座庙，这庙就叫淹蹄庙。

中国老百姓建庙好像很有随意性，信奉谁建个庙，纪念谁也建个庙，比如岳庙、关帝庙。有些庙隔了几代之后，甚至连这个谁是谁也搞不清楚了，比如晏公庙、张王庙，晏公是谁？张王又是谁？没有人知道，但照样香火很旺。不知淹蹄庙建庙之初，会不会供一只马蹄？悬揣起来，供一只马蹄似乎不大像样，那么，供一匹马？但到章桂见到的时候，这庙供的却是土地和观音。

　　淹蹄庙规模不小，除了山门（山门有庑廊），还有两进殿阁。第一进供的是土主菩萨。土主就是土地，这村叫土主。土主是一对夫妻菩萨，笑吟吟，慈眉善目，非常和蔼。每年二月初二是土主菩萨生日，庙头各村轮流做庄，摆酒庆祝，谓之吃土主酒。土主殿的后殿朝北是韦驮。隔一个很大的石板天井是第二进，第二进是观音殿。据说观音和韦驮是一对恋人，所以韦驮一直跟定观音，隔一个偌大的天井守护着她。

　　我不知道很有特点的淹蹄庙，后来怎么会沦落成庸常的一般庙宇。但是淹蹄的庙名，仍然昭示着这么一个亡命故事。当我决定提笔叙写章桂时，这个亡命故事的隐喻性其实已经悄悄来到了我的笔底。

　　淹蹄庙北半里，就是章桂的血地曹家桥。曹家桥是葛家桥港北段横跨东西的一座石桥，桥东以冯、张二姓为主，桥西主要是章姓和许姓。章桂家在桥西，他家后门临一条弯弯的小河，那是葛家桥港的一条支流。

　　章家几代之前一直小康，章桂曾祖父时，尚有几十亩田地。败落是从他祖父开始的，原因是染上了赌博。子承父业，章桂的父亲章占奎也好一口。一份家业到章占奎手里，差不多已经败光，只剩下两亩桑园和三分秧田，因此只好租田糊口。他家租种的是石门镇上的两户富户的田：一户开一家许顺大米号，一户是顺福堂三相公家。饶这么，到青黄不接时，章占奎便抹个脸上石门湾去借粮。常去借的也有两家：一家就是其中的一个东家许顺大；另一家也开米号，叫韩六麻子，在西河口。一般到蚕罢，缫了茧子，就一家一家去还债，从不拖欠。

章桂有个哥哥叫生荣，长他六岁，在南村陆家埭富户钱鸿珍家做小长年①。钱鸿珍有四个儿子，子兴、文兴、福兴、禄兴，非常调皮，仗着家里有钱，常常欺侮生荣。生荣虽然比他们都年长，但不敢得罪他们，挨了骂挨了打都不还口不还手，也不告诉他们的父亲。有一次他实在忍受不了了，就回家来向父亲哭诉，父亲当然也没有办法。章桂就对哥哥说："那你在家歇两天吧，我去替你。"

于是，章桂就到钱家去替哥哥干活。那四个弟兄当然更不把章桂放在眼里，但他们也很有策略。第一天章桂削黄豆地，四弟兄远远地在地头观望，没什么动作。第二天，大约他们觉得章桂和他哥一样老实可欺，于是故技重演，开始挑衅。章桂不理他们，只管低头削地，他们便疯狂起来，一边用难听的话语讽刺奚落他，一边动手动脚去撩惹他。章桂仍然一声不吭，但是周身的血在往囟门上涌。那四个小家伙以为又是一个软蛋，便愈加来劲，竟用泥块去扔他了。这时，章桂突然把手里的锄头一扔，冲过去，一拳就把子兴打到了沟里。其他三人一下傻愣了，纷纷跪下来讨饶。

章桂算是替哥哥出了口恶气，但是哥哥不无担心地对他说："你这么躁的脾气，以后怎么出去做长年呢？"

———————
①　长年，即长工。

这件事或许是后来促成章桂去丰同裕学生意的一个重要原因。

2

1934年，即民国廿三年，是中国近代史上有名的大旱年。这年的春天就已经显示出了旱象，雨水特别地少，落谷还不成问题，到插秧，就有些困难了。春忙完了之后，章桂便由堂兄章云洲领着，离开曹家桥，踏上了去石门湾的小路。那一年他十七岁。

自从教训了陆家埭钱鸿珍家四个儿子之后，父亲章占奎一直为章桂的躁脾气担忧着。眼见他都长成十七岁了，十七岁的孩子应该自己挣饭食了，可像他们这样的人家，除了做长年，简直别无出路。就在这时，章云洲上门来了。云洲是来介绍章桂去石门湾丰同裕染坊学生意的，云洲说："去做个着袜长年①吧。"

说起来，章桂家与石门湾丰家多少有一点点拐弯亲。丰子恺的族叔丰铭（字云滨）即五爹爹有个女儿叫丰兰洲，从小送给章桂大伯家，给堂兄云洲当童养媳，此时已结婚多年。五爹爹虽然只是丰子恺的远房叔父，但因为住在同一个屋顶下，所以关系非常亲近。云洲和妻子有时去看望五爹爹，也就与丰子恺家熟了。

---

① 着袜长年，意思是做学徒、当店员。学徒、店员，类似长年的身份，只是不用赤脚下田，日晒雨淋。

丰子恺呼丰兰洲为七弟。丰兰洲是个非常热心肠的女人，促成章桂去丰同裕，丰兰洲有很大的功劳。

十七岁的章桂是个美少年。那天，他穿了一套细蓝格子布的新短衫，英气勃勃。这身新衣的衣料叫美通纱，是唐家浜的外公特地到镇上剪来为他做的。外公说，到丰家学生意，总得穿体面一点，哪能打补丁呢。后来婶妈（丰子恺夫人）说："云洲弟弟说章桂家苦煞。衣裳还好么，美通纱。"于是，穿着美通纱的十七岁少年章桂，就这么体体面面地走进石门湾丰同裕染坊店，当了学徒。

丰同裕是百年老店，当时的店主应该是丰子恺，但他不指着这店养家，之所以还维持着，主要是考虑到两位先生和两个把作师傅的生计。两位先生，一位是丰子恺的族兄丰嘉麟，另一位名叫张芝珊。两位是丰同裕的元老，都五六十岁了。两个把作师傅，一个叫夏光生，一个叫王阿康，都是绍兴人。那天，章桂由堂兄云洲领着从"丰同裕染坊"黑底金字的招牌下进门，一眼就望见挂在大厅上方的匾额——"文魁"。日后细看这匾，才发现那上面还有上下两行小字，上款为："大清光绪二十八年。"下款为："庚子辛丑恩正并科第八十七名丰鐄立。"丰鐄是丰子恺的父亲。这匾是丰鐄1902年中举之后立的。

那天，章桂就是在这块匾额下举行拜师仪式的。仪式非常简单，对着先生下个跪，礼就算成了。章桂名义上是拜张芝珊作先生的，但也给丰嘉麟下了跪。两位先生对章桂很和蔼，还不忘告诉章桂，以后见到老板丰子恺，就叫他慈伯好了。丰子恺小名慈玉。

惇德堂是丰氏的一处旧宅，丰同裕染坊设在它的第一进。整个惇德堂是一幢三开间三进的大宅楼。第一进后面是退堂，退堂也有一个匾额——"节孝"。然后是墙门，墙门进去是一个石板天井，过天井是第二进。第二进是正厅，堂额即"惇德堂"三个大字，落款为："笑轩沈之渠书。"这位沈之渠先生是丰子恺父亲丰鐄的老师，书法功底扎实，惇德堂堂额和丰同裕店号都是他手书的"擘窠"。第三进是厨房。厨房后面还有一小间地板间，地板间有扇后门，打开后门，隔一条一米多宽的绵纱弄，就是缘缘堂的正门了。这扇后门对章桂很重要，日后他每天三餐去缘缘堂打饭，走的就是这扇门；吃过晚饭睡觉还早，他关好店门出去闲逛，走的也是这扇门；更有意思的是，染坊下午一般比较清闲，章桂有时候就顺脚去缘缘堂楼下西间书房，看丰子恺写字作画，走的自然也是这扇门。

【同期声】

运河大转弯的地方，分出一条支流来。距运河约二三百步，支流的岸旁，有一所染坊店，名曰丰同裕。店里面有一所老屋，名曰惇德堂。……红羊之后就有这染坊店和老屋。这是我父祖三代以来歌哭生聚的地方。

十年以来，我开这店全为维持店员五人的生活，非为自己图利，但惠而不费。因此这店在同业中有"家养店"之名。我极愿养这店，因为我小时是靠这店养活的。

——丰子恺：《辞缘缘堂》

3

章桂在染坊的主要工作是收染头、晒染头。染头，就是顾客拿来染的物件（布匹、毛线一类）。收染头就是用桃花纸写个票头（一般写上顾客的姓名、要染的颜色），系在染头上；顾客取染头，则收钱、上账。空闲下来了，他就帮把作师傅晒染头。店门前临河竖一个高大的木架子，染头就挂在架子上晾晒。染头多的时候，木架上不够晒，就挑了染筐到镇郊草地上去摊晒。先生们不怎么教章桂，事实上工作也简单，没多少技术含量，无须多教。章桂人很勤谨，两位先生待他很好。

章桂在染坊，生活上也很安定。按惯例，学徒是没有工资的，只在年终给三元钱，算是一年的奖金吧，但是一日三餐管饱。丰同裕传下来的规矩：每月有两顿肉，一顿是初一，一顿是十六，每人半斤，多半是红烧肉。染点职工用餐在店堂里，章桂来了以后，饭菜就由他去缘缘堂厨房搬取。饭打在一只红漆环柄的鼓圆形木桶里，装菜用竹制的多层重篮。他本来可以睡在染店楼上的，但是隔壁王囡囡家豆腐店烧的是砻糠，一天到晚砻糠灰从烟囱里飘出来，楼上全是灰，根本无法搭铺，所以他只好睡在店堂里的一张榻上，早晚起落搭铺。起落搭铺虽然麻烦，但章桂一点也不觉得，他只感到满足。

照这么平平静静地做下去，三年可以满师。满师之后升为先生，就可以有一份稳定的收入。但是，章桂遇上丰子恺了。遇上丰子恺是幸呢，还是不幸呢？当时，他肯定认为是幸的，但是七十三年后，章桂不敢肯定了。这样说，应该是和丰子恺无关，而和命运有关。

丰子恺名义上是丰同裕染坊的老板，但他从不过问店里的事务，只在每年的年底和两位管事先生结一次账。去年缘缘堂落成后，他从上海回石门湾定居，每天在新居楼下西间的书房里写字作画。有时候下半昼，他也偶尔到染坊来坐坐，跟两位先生谈谈天。

章桂已记不清怎么一来，就跟丰子恺熟了。这也许就是缘吧。在缘缘堂结识丰子恺，不是缘也是缘了。丰子恺说过，"无论何事，都是大大小小的缘所凑合的"。那么，天下人事概括起来就是一个缘字了。所以，我更愿意把缘缘堂的"缘缘"二字诠释为缘乘以缘。丰子恺似乎很喜欢章桂；章桂也感到丰子恺很随和，没有一点点架子。章桂就叫丰子恺慈伯。

章桂得了许可，下半昼染店清闲的时候，便去缘缘堂看丰子恺写字作画。熟了之后，他还帮忙搭个手，比如扶一扶宣纸，比如点一根烟，续一杯茶水；有时候还帮助磨墨。磨墨是有讲究的，要不轻不重，匀而不溅。邻人也有来看作画的，有时也帮着磨墨，但不当丰子恺的意；他就让章桂磨，说章桂磨得好。有一天，章桂面对满橱满橱的书，露出贪婪的样子。丰子恺就说："要看哪本，你自己拿好了。"于是从那天开始，章桂就隔三差五来借书。借了书，晚上在油灯底下一个字一个字地读。这样，一两个月下来，他们就非常熟悉了。

【同期声】

此堂成于中华民国二十二年……形式朴素，不事雕斫而高大轩敞。正南向三开间，中央铺方大砖，供养弘一法师所书《大智度论·十喻赞》，西室铺地板为书房，陈列书籍数千卷。东室为饮食间，内通平屋之间为厨房，储藏室，及工友的居室。前楼正寝为我与两儿女的卧室，亦有书数千卷，西间为佛堂，四壁皆经书，东间及后楼皆家人卧室。

——丰子恺：《还我缘缘堂》

1934年8月，已持续三个多月滴雨未下了。每天，火球一样的太阳总是准时挂在天上，干蓝干蓝的天空少有云彩，你就是泼一桶水上去，也会立刻被吸干了。河浜里早已无水，河底龟裂，长出了黑绿的荒草，只有大运河尚有一线细流。为了解救干渴的禾苗，运河两岸的农民只好拼命向运河索水。从石门湾到崇德县城一段十八里河床，两岸架起有七百五十六架水车，吱吱呀呀的车水声日夜不停。大运河就好比一支羸弱的手臂，水车就好比扎在这手臂上抽血的针管，那么多的针管，用不了多久，血就会被抽干的。但是不抽又怎么办呢？

丰子恺那年正好要送三个女儿去省城杭州投考，来去都打这运河里过。这情景他曾亲身感受，因而以此为题材写了两篇文章，作了几幅画。两篇文章，一篇叫《肉腿》，一篇叫《送考》；几幅画中最有名的一幅叫《云霓》。文章和画反映了民生的痛苦，寄托了作者深深的同情。

在如此严重的旱情下，章桂自然想到了家里。但是父亲不让他回去，说你刚刚学生意，只管在染坊当好你的着袜长年。后来据说虽然这么大的旱灾，五泾、八泉一带靠几个大的漾潭，水源还是比较充足的。农民们用水车驳水车的办法，将漾潭的水车到河里，再将河里的水车到浜汊里，最后从浜汊将水车进田里。章桂说，真是奇了，那一年许许多多地方颗粒无收，五泾、八泉一带却收成不坏。章桂体会到着袜长年的好处了，而且慈伯又对他这么好，他工作就更加勤快了。

丰子恺杭州送考回来不久去了一趟莫干山。莫干山是著名的避暑圣地，丰子恺去莫干山主要不是避暑，而是去看望在那里做家庭教师的三姐丰满。就在这期间，有一天缘缘堂来了两位不速之客。那是一对年轻的夫妻，丈夫名叫戴葆鎏，是驻瑞士的公使，妻子当时只知姓顾，后来才知道叫顾娭春。戴先生穿一套藕白色西装，戴一副没边近视镜，温文尔雅。娭春夫人穿的是淡绿浅花短袖旗袍，奶白高跟鞋，小巧的鼻梁上同样架一副没边近视镜。她笑吟吟的，显得妩媚婉约。他们是趁回国述职的空隙，专程从上海来石门湾拜访丰子恺的。这天是章桂接待他们的。

章桂对两位贵客说："真是不巧了，丰先生去莫干山了。"

戴葆鎏不免有些失望，说："真是太遗憾了。"

戴夫人说："要是事先约一下就好了。"

戴葆鎏说："不是时间很紧么。——真是太不凑巧了。"

章桂就安慰他们说："要不二位住下来等等？估计丰先生明后天也该回来了。"

戴葆鎏说："回国时间有限，我们还有些事情要办，恐怕不便耽搁了。——没关系，我们参观参观丰先生的书斋也总算没白来一趟。"

于是章桂就陪他们夫妇在缘缘堂各处转了一圈。客人的兴趣主要在墙上挂着的字画，每一幅他们都看得很仔细，尤其对书房西墙上的两副对联更是赞不绝口。这两副对联，一副是弘一法师的作品："直观清净观，广大智慧观。梵音海潮音，胜彼世间音。"另一副是丰子恺自己的作品，是王荆公胞妹长安县君的诗联："草草杯盘供笑语，昏昏灯火话平生。"

戴氏夫妇赞叹说："真是意思好，字也好。绝了！"

戴葆鎏又在书房北门下停住了脚步。关着的北门上，图钉钉了一幅丰子恺的近作《云霓》，是还未装裱的。这幅画既写实又象征，尤其那只停在水车竹竿上的小鸟，一动不动盯着两个踏水车的农夫，非常触动人心。

戴葆鋆望着这幅画有点挪不动脚步了。章桂看出客人的心思，想了想，就把这幅画取了下来，送到客人手里，说："戴先生喜欢，我替丰先生送给先生作个纪念吧。"

戴葆鋆显然喜出望外，说："可以么？"

章桂连连说："可以，叫以。"

送走客人以后，有闲人埋怨章桂说："你个小孩，自说三道①，你慈伯回来一顿骂是免不了的了。"

章桂笑笑说："我挨骂同你不搭界。"

其实他心里有数，慈伯是绝不会为一张画责备他的。就在平时，镇上人来求画，慈伯差不多都是有求必应的；章桂还替人求他画过一幅呢。

果然，丰子恺从莫干山回来，知道了这件事，非但不责怪章桂，还称赞他做得对。丰子恺说："人家不远万里从国外回来，喜欢我的画，理应送他。"

戴葆鋆后来从瑞士致信丰子恺，专为赠画一事表示道谢。为此，丰子恺更加高兴，他对章桂也更加喜爱了。

【同期声】

戴葆鋆夫人顾娱春女士从上海寄来洋书两册……装潢极佳，在物质精神贫乏的广西宜山视之，更觉精美绝伦……对于葆鋆、娱春二君之盛意，吾甚感谢。

——丰子恺：《教师日记》

---

① 自说三道，即自作主张。

逃难前·杭州

好花年年有，铜钱何足夸。

——马一浮改野老路亭诗

4

丰子恺的长女陈宝、三女软软即宁馨考上了杭州市立中学，次女林先考上了行素中学，丰子恺便决定暂时寄居杭城。他在省立图书馆附近的皇亲巷6号租定了一幢楼房，当起了寓公。这一方面是杭州山水的吸引力，另方面也借此可以就近照拂孩子们。在杭州居住少不了侍候应答的人，除了杂工，丰子恺还与染店两位管事先生商量，将章桂也带了去。于是，这一年的早秋，章桂随丰子恺一家第一次来到省城杭州。

对于在杭州生活，十七岁的章桂没有太多的想法。他只是想，在石门湾是过日子，在杭州也是过日子。不过从此能与慈伯朝夕相处，这是少年章桂内心一直向往着的事情。

青年章桂

　　九月里，老天下雨了。俗话说，久旱无大雨，开始时，那雨像轻纱，霏霏地飘洒，没等到地面就蒸发了。后来有一天，终于下起了大雨，那真称得上是一场豪雨啊，泼瓢倾盆的。可是晚了，大片大片的禾苗早已枯焦，雨水再多也于事无补，大荒年成已经呈现。丰子恺说："农人啖着糠秕，工人闲着工具，商人守着空柜，只有等候来年蚕罢和麦熟了。"

　　不谙世事的十七岁少年章桂却非常开心。在皇亲巷6号，花园里的树木花草喝足雨水之后滋润起来，变得青翠欲滴。持续的高温降下来了，人的情绪也一下舒坦了许多。

　　皇亲巷6号是个花园式的老宅院。院里花木扶疏，有一个小小的池塘，池塘边有一座假山。这宅院不知起造于何时，只知道民国初是浙江督军夏超的别墅，现在的房东姓孔，是省财政厅的一位官员。丰家承租的是池塘假山那一边的一幢小楼。章桂住的一间，隔壁住着房东的一个外甥女，年纪大约长章桂一两岁。

章桂认为，他在杭州的工作其实和在石门湾的工作一样轻松，但比起来，杭州的工作更加有趣，因而干起来更加开心。概括地说，在杭州，章桂有三个工作：

第一是帮助丰子恺抄写文稿。那时丰子恺经常向上海的《申报·自由谈》《宇宙风》《西风》等报刊投稿。他写好稿子后，就让章桂誊抄一份，原稿留存，章桂誊抄的一份寄去发表。章桂那间小房间的窗下，就像模像样地安放了一张小书桌，窗口正对花园，他在书桌上抄写或者读书，眼目清亮。

第二个工作是上街采购物品。所谓采购物品，不包括买米买菜，买米买菜另有两个做饭打杂的佣人。这两个佣人，一个是石门湾带来的，就是徐家娘娘。徐家娘娘是个三十来岁的女人，她主要负责做饭。另一个是个男工，叫阿毛，也三十多岁，是杭州郊区人，他主要打杂。章桂采购的是临时需要的用品。

第三个工作是他最最开心的，就是随丰子恺外出访友或者游玩。章桂随丰子恺外出，丰子恺向别人介绍章桂，就说是自己的表亲。为什么说成表亲呢？因为中国的习俗，一表三千里，无非表示亲近的意思。但在正式场合，或在文章里，他就称章桂为店员、店友。不过，那时候丰子恺的确非常喜欢章桂，在给黎丁的一封信里就曾这么说过："章桂生长我家，犹似子侄，对我甚是忠诚，最可靠也。"

丰子恺在杭州的第一个外出节目，是去"陋巷"拜访马一浮先生。马一浮先生是著名的国学大师、理学家、佛学家、诗人和书法家。可他非常低调，不愿意张扬，长年隐居在杭州的一条陋巷里。所谓陋巷也者，那是丰子恺的说法。陋巷自然有巷名的，丰子恺从他的文章出发，为突出马先生的品格，故意将巷名隐卸掉了。几十年后当学者们需要查证的时候，这么一条马先生曾经寄迹过的实实在在的巷子却变得迷蒙起来，很难确证了。据马一浮先生的史传资料及年表，马先生在杭州主要居住过的巷子有三条：宝极观巷、延定巷和马所巷。陈星先生再根据丰子恺的描述和弘一法师1928年农历六月十九致李静园的一封信，大致推定1918年至1933年，马先生居住的巷子是延定巷。章桂至今对陋巷和马宅仍保留有新鲜的印象，但对巷名和宅号也一样地茫然了。

在陋巷里的马宅被称作湛庐，因为马先生的号叫湛翁。章桂记得，湛庐是一所古色苍然的老宅院，有天井，有厅，有书房，当然还有房间、厨房和杂间。厅很大，真所谓高大轩敞，厅上一联："匹夫常以天下为己任，君实事无不可对人言。"是马先生的手笔。书房在里面，书房里也有一联，曰："知足常乐，能忍自受。"也是马先生的手迹。这两副联语章桂至今仍记得清清楚楚。

马一浮先生是除弘一法师李叔同外，让丰子恺一生敬重和佩服的人。他每次面对马先生都有面对神明的感觉。1938年10月，丰子恺在桂林与马先生重逢，当马先生离开时，丰子恺不禁为之黯然伤神。他在日记里写道："途中忽见桂林城中暗淡无光，城外山色亦无理唐突，显然非甲天下者。盖从此刻起，桂林已是无马先生的桂林了。"在杭州的三年里，丰子恺不止一次去陋巷拜访马先生，每次差不多都带上章桂。九十岁的章桂对我说："马先生和慈伯谈得很投机。他们娓娓地谈着，时时发出会心的笑声。"他们谈话的内容，章桂只听得懂一两句，但他坐在一边一点也不觉得气闷。他说他很喜欢马先生浓重的绍兴口音，听他说话就像听纶音佛语。每次去湛庐当然少不了酒。马、丰二先生都善饮，他们一边谈话，一边开怀畅饮，还不时杂有诗词的吟咏。

丰子恺虽然希望能经常和马先生见面，但他常常克制自己，怕打扰马先生，所以，其实章桂去陋巷的次数远远超过丰子恺。为什么呢？章桂受丰子恺差遣，给马先生送酒去呀。每次章桂送酒，丰子恺都有附书，马先生也必回书。书信里也多有诗词，章桂至今记得的有这么两句："客来常携酒，书至每附诗。"

【同期声】

M先生则叫工人倒茶的时候说纯粹的绍兴土白，面对我们谈话时也作北腔的方言……他的头圆而大，脑部特别丰隆，假如身体不是这样矮胖，一定负载不起。他的眼……圆大而炯炯发光，上眼帘弯成一条坚致有力的弧线，切着下面的深黑的瞳子。

他的须髯从左耳根缘着脸孔一直挂到右耳根，颜色与眼瞳一样深黑。……他的谈话中突然发出哈哈的笑声响亮而愉快，同他的话声全然不接，好像是两个人的声音。

——丰子恺：《陋巷》

　　不知从哪条渠道得到的一个马先生的读书故事，章桂觉得非常神奇。故事说，马先生有一段时间常常去浙江图书馆借书。图书馆和马先生家斜隔着小半个西湖，马先生就雇一只小船上图书馆。他借了很多很多书，请船家帮忙搬到船里，他则坐下来就读，往往上岸时差不多一小半已经读完。过一两天，他又要去借书了。这似乎有点夸张，但有印证。李叔同先生就曾对丰子恺说过："马先生是生而知之的。假如有一个人生出来就读书，而且每天读两本，而且读了就会背诵，读到马先生的年纪，所读的书还不及马先生多。"丰子恺也说："马先生看书报，真正是一目十行。他谈艺术时，托尔斯泰、卢那卡尔斯基都要退避三舍。"

　　丰子恺除了拜访马一浮先生，还造访音乐家姜丹书先生。姜先生和李叔同先生曾经是浙江两级师范学校的同事，也是丰子恺比较亲近的老师。姜、李二先生"初为文字交，先即以报章文艺相往还，继以'南社'同文"。姜先生先民国一年受聘浙江两级师范教席，次年，即民国元年（1912年）农历七月，李叔同先生也来校任教，从此成为同事。

　　李先生来二师后的第六天，偕姜丹书、夏丏尊二先生同游西湖。那时节"晚晖落红，暮山被紫，游众星散，流萤出林。湖岸风来，轻裾致爽。乃入湖上某亭，命治茗具。又有菱芰，陈糇盈几。短童侍坐，狂言披襟，申眉高谈，乐说旧事，庄谐杂作，继以长啸，林鸟惊飞，残灯不华，起视明湖，莹然一碧；远峰苍苍，若现若隐，颇涉遐想"。直到"漏下三箭，秉烛言归"，写成了这篇脍炙人口的散文名篇《西湖夜游》。五六年间姜、李二人"志同道合，声应气求，相交益契"。李叔同先生是丰子恺的恩师，李、夏和姜这么投契，姜丹书先生自然就成为丰子恺亲近的人了。如果说丰子恺对李叔同和夏丏尊两位先生执的是弟子之礼的话，那么，对姜丹书先生更接近于亦师亦友了。丰子恺这回来作寓公，知道姜先生还在杭州，他自然要去亲近的。

那时，姜先生借住在西湖边的招贤寺。招贤寺的住持弘伞法师是弘一法师的师兄。据说弘伞法师俗名桂中和，本是军旅出身，曾参与二次革命，退伍后悟道，于1917年发心出家。姜丹书先生借住在招贤寺一间僧房，亦如张珙借住普救寺，寺院提供膳食；所不同的，寺内没有崔莺莺这样的女眷。

丰子恺去造访姜先生，多一半是相约出游。他们去的地方不外湖上山上。姜丹书先生有一张古琴，琴体呈肉黄色，即便在昏暗的地方，这琴也好似沐着阳光。丰、姜二人出游必定带上这张琴，抱琴的当然是章桂。章桂也乐于充任琴童，每次出游不用吩咐，就主动去取琴了。

章桂记忆深刻的是有一年的秋天，他们去北高峰。已是深秋时候，天高云淡，满山的红叶像浸过酒一样。他们缓缓地行走在山道上。姜、丰二人一边走一边说笑，山风习习，吹得他们长衫的下摆像旗子一样猎猎作响。

将及山顶，转过一处山嘴时，不远的树丛掩映里出现了一家茶寮。这茶寮此时显现，可谓地设天造。游人一路上来，到这里往往已筋疲力尽，唇焦口燥，一张椅子，一杯清茶，不啻蓬莱仙境了。

姜先生领头走进茶寮，选定一张靠窗的板桌坐下，就有茶博士过来招呼。他们要了一壶龙井，一碟花生，一碟瓜子，就喝茶，嗑瓜子，剥花生，闲聊。茶寮大约是筑在山崖上的，不时有一缕一缕蓝色的云雾从窗口飘进来。窗外有一株很粗的山榉树，树上有一对翠鸟一高一低地鸣唱。

喝够一壶半茶，姜先生取过古琴开始抚琴。章桂不懂古琴，只是觉得琴声叮咚，幽雅清逸，缠缠绵绵，非常好听。那天姜先生兴致很高，弹了好几首曲子，后来才知道其中就有《高山流水》。

因为北高峰高，景点也不多，所以一般游人去那里的不多。但是那天奇怪，姜先生的琴声居然吸引来不少人，他们依在门边静静地听着。茶寮的茶博士也听呆了，提着铜铫子站在一边，好像一尊雕像，竟忘了为茶客续水了。

【同期声】

前天同了两女孩到西湖山中游玩，天忽下雨。我们仓皇奔走，看见前方有一小庙，庙门口有三家村，其中一家是开小茶店而带卖香烛的，我们趋之如归。……最初因游山遇雨，觉得扫兴；这时候山中阻雨的一种寂寥而深沉的趣味牵引了我的感兴，反觉得比晴天游山趣味更好。所谓"山色空濛雨亦奇"，我于此体会了这种境界的好处。

——丰子恺：《山中避雨》

5

除了与人结伴游玩，丰子恺一个人也出去，那多半是去湖上。历来文人学士喜欢杭州，也是因了西湖，"一半勾留是此湖"么。在所有歌咏西湖的诗篇里，林语堂先生认为最好最具概括力的莫过苏东坡的一首七绝：

水光潋滟晴方好，
山色空濛雨亦奇，
若把西湖比西子，
淡妆浓抹总相宜。

纵观丰子恺一生，他也是喜爱杭州，钟情西湖的。他曾在给友人的信中说："杭州山水秀美如画，我走遍中国，觉得杭州住家最好。"1947年3月他卜居静江路湖畔小屋时门上所贴的一联，可以集中体现他的这种喜爱和钟情：

> 居临葛岭招贤寺，
> 门对孤山放鹤亭。

丰子恺独自出门游玩，章桂记忆深刻的一次是有一年的夏天。是一个下午吧，先是在"旗下"的碧梧轩吃酒，然后去游湖。

"旗下"是老地名，就是现在的湖滨一带。那里，曾经是清廷围城九里设置的一处"旗营"，长期以来是旗人集中居住的地方。二十年前，辛亥革命后的1913年，"旗营"归公，拆除城墙，建了马路，辟了公园，但"旗下"这个地名留存了下来。

碧梧轩是一家专卖正宗绍兴黄酒的酒店，丰子恺常常光顾那里吃酒。那天他不知为什么兴致特别高，喝了远远不止一斤的老酒，起身时醺醺地都有些薄醉了。

走出酒店，丰子恺对章桂说："游湖去。"

这时天色向晚，而且天气也变了，好像要起风的样子。他们来到湖边叫船。湖边停泊着几只游船，他们走到一只边上，丰子恺对船娘说："去湖心亭。"

那船娘正弯着腰收拾东西，她并不抬头说："不去了。天要变了，风大，有危险。"

丰子恺听了就有点恼，说："什么风不风的，不管，叫你开你就开！"

船娘这才停下手里的活计，抬起头来看看天，又望望丰子恺，见他长髯飘逸，以为是位老人，就不忍拂逆，说："老先生真好兴致啊。"

上船之后，丰子恺又吩咐一次，说："去三潭印月。"

船离开湖滨慢慢向湖心驶去。大约开出二三十米时，风果然大起来了；离湖心亭很近的时候风更大，游船颠簸得越来越厉害了。这时，坐在藤椅上的丰子恺，两个手拼命抓住船舷——他的酒也醒了。就听船娘咕哝着抱怨说："同你们说的，有危险。"说着，她便向岸上发出了求救信号。

不一会，从湖滨飞快地驶过来一艘救生艇，将他们救了回去。

后来听救生艇上的人说，其实湖滨的安全部门早就注意到这只游船了，所以一见到求救信号，立刻就派出救生艇过来了。

上岸之后，丰子恺苦笑着对章桂说："真是赤烂污。不应该不听人家船娘的，这次我和你差一点就葬身鱼腹了。"

丰子恺为人一向平和谨慎，这一次的酒后孟浪好像绝无仅有，但恰好可以见出他也有率性任情的一面。

章桂跟随丰子恺在杭州不过短短三年时间，但那是他一生中最最愉快的三年。十七岁是人生懵懵懂懂进入青年的关口年龄，但章桂仿佛依然迷失在少年里。如今九十岁的章桂说起丰子恺来，还说："慈伯是'舌甜'①我的。"他认为丰子恺当年把他当作自己的孩子一样看待，凡买好吃的好玩的给自己的几个子女，章桂也总分得一份。丰子恺还为他改名字，说："你这人脾气太躁，碰到不顺心的事爱发火。你娘死得早，一个人在我这里，要懂得自爱。我就替你把名字改一改，字音不变，章加个王字旁，桂去掉个木字旁，就叫璋圭吧。璋和圭都是美玉，你要当自己是块美玉，要爱惜自重。"

要说那时，不和谐的音符也存在。章桂对我举例说，就说分东西吧，见章桂也分得同样一份，华瞻就会露出不平之色，甚至还有一点点鄙夷。其实小孩子家，这也正常。一次，应国民党中央宣传部长邵力子的邀请，丰子恺去南京参加一个宣传抗日的宣传工作会议，回来说起南京的马路真宽，比上海的马路要宽得多。章桂觉得上海的马路已经很宽了，南京的马路还要宽，能宽到什么程度呢？于是就截树垫根地追问。丰子恺有些不耐烦了，说："宽就宽了，哪有这许多为什么？"华瞻见了，就笑笑说："吃瘪，吃瘪。"

我现在想，也许章桂说得对，丰子恺那时候的确非常喜欢章桂，甚至待他真的如同自己的子女一样。但是深入下去想想，还是不一样的。说得白一点，章桂的身份决定他其实只是个僮仆。我读过丰子恺先生差不多全部的散文作品，包括他的日记和

---

① "舌甜"，石门湾一带方言，意为喜欢、钟爱。

书信。我注意到，凡提到章桂的地方，丰先生大致用四种称呼。一是店友。店友就是店员。老早，私营商店的老板称自己店里的职工为"朋友"，等于北方的"伙计"，雇职工叫"唤朋友"。二是亲戚。这是一种亲近而模糊的称呼，但也显得比较客气。三是表侄。这称呼似乎明确多了，实际仍是模糊，一表三千里么。但比起"亲戚"来，显然近了许多。四是直呼其名。直呼其名看似不客气，其实最亲切，那真是把他当子侄看待了。在所有那些提到章桂的地方，直呼其名最多，可见丰先生那时对章桂确是挚爱。但是，"如同自己的子女"毕竟不是"自己的子女"，在丰先生和章桂各自的潜意识里，我想主人和僮仆的身份其实还是清晰的。我这么说，丝毫没有一点点诋毁和贬损的意思，我只是说出了人性底色里的一个真相。俗话说江山好改，本性难移。人性底色的东西，是比本性更进一层的东西。本性关乎道德评判，底色和道德却没有任何关系。本性虽然难移，但尚有移的可能，底色却恒定不变。以后的事实证明，我的这种判断并不荒谬。

　　文学创作有一种技巧叫照应，其实这种技巧来自生活。华瞻对章桂的不满，虽在孩童时期，作不得数的，但是二十六年后意外地发生了一次照应。我不知道这会不会是两件完全无关的事情，但是它们就这么照应了。不过，的的确确，在杭州的三年，是章桂一生中最最幸福最最快乐的时光。这无论如何是让章桂一生都感恩丰子恺的。

逃难前·石门（二）

妖寇今见侵，天地为改色。

——马一浮避兵留别诗

6

1936年丰子恺从皇亲巷6号搬出来，迁居附近的田家园3号。

1937年8月13日，日军进攻上海，在金山卫登陆，并且推进神速。轰炸机一路深入，杭州很快遭到空袭；火车站被炸，杭州人纷纷开始逃难。这时学校已放暑假，丰子恺一家都在故乡石门湾。得到杭州遭空袭、市民逃难的消息，丰子恺便派章桂回一趟杭州，去田家园搬取东西，顺便把留在那里看家的徐家娘娘接回来。

章桂这趟去杭州最及时了，是"八一三"的第二天，也就是8月14日。他记得消息是上午得到的，下午他就动身了。在堰桥边上航船时，章桂心里焦急，恨不得一脚就到长安镇。可是航船只一支橹，摇得再快也慢。好容易到了长安，他等不及船家铺跳板，一步跨到岸上直奔火车站。

一到火车站，章桂被眼前的惨象惊呆了。车站里墙倒壁塌，戳立在半空的柱梁焦黑黑的还在冒着缕缕细烟，地上横七竖八躺满了断臂少腿血肉模糊的尸体。——长安这么一个小站也遭空袭了！

好在火车还通，却是晚点了许多时间，到杭州已经是晚上了。杭州已不复一个月前的景象，路灯全部黑掉，整座城市一片死寂。没有公交车，章桂只好摸黑去田家园。一路连转几条马路，却不见一个人、一条狗。走了大约一个小时才到田家园，徐家娘娘已经睡了。叫开门，说了情况，徐家娘娘就拿来饭菜，让章桂吃饭。章桂草草吃了，就和徐家娘娘一起收拾东西，捆扎的捆扎，装袋的装袋，干到深夜才全部收拾完毕。

第二天，章桂出去觅船。原以为觅船会很困难，不料十分容易，很快就雇到一只赤膊船，讲定价钱，就摇到离田家园最近的河岸边。赤膊船蛮大的，桌椅橱箱，床架藤绷，衣物被褥，日用器皿，还有书，大包大包的书，满满载了一船。

这次离开杭州，在章桂是彻底的告别，连同逝去的欢乐时光；在丰子恺是一别十载，直到1946年9月底，吃尽战乱之苦后，他才重新踏上这座心里一直眷恋的城市。

这一年的11月6日，日机终于空袭石门湾了。镇上的人原以为石门湾是远离沪杭线的一个偏僻水乡小镇，又不是战略要地，日本人顾不上，不会来的，可是事实上他们还是来了。先是这天中午，飞来一架侦察机，盘旋一圈走了。下午二时许，来了两架轰炸机，在小镇上空来来回回地投炸弹，直到四时光景才离去。这两个小时里，日机一共投下十多颗炸弹，炸死三十多人，炸伤无法统计。那些炸伤的人里，数天之内又陆续死了三十多人。于是镇人纷纷扶老携幼到乡下逃难了。

这之后不久，一天傍晚，天淅淅沥沥下着雨，后河丰同裕染坊门前的河埠头，停靠了一只有棚船。船上下来两个中年男子，他们上岸后相跟着匆匆走进了缘缘堂。

丰子恺一家吃过晚饭，正聚在厅上为逃难的事犯愁，那两个中年男人进屋了。丰子恺见了，不由心中一喜，说："茂春、继春，你们来了？"

茂春、继春说："慈哥哥，我们来了。"好像事先约定一样。

丰子恺有个妹妹叫雪雪，从小送给南圣浜蒋家做童养媳，茂春是她的丈夫，继春是茂春的弟弟。兄弟俩是来接舅家到他们那里避难的。在这样的情势下，礼仪客套全都不用了，丰子恺说："你们坐坐，我们收拾一下就走。"

雪雪、茂春夫妻白天听到石门湾的炸弹声，心里非常不安，知道舅家一定遭难了。挨到天将傍黑，兄弟俩冒雨摇船来接丰子恺一家去他家避难。亲情在大难中体现出来了，丰子恺一家的感激自不待言，然而没有一个谢字。说谢，多余啊。

匆匆收拾了一些衣物和日常用品，丰子恺一家，夫妇俩，六个儿女，三姐丰满以及正好来作客的岳母，一共十人，在潇潇暮雨里坐船离开缘缘堂，去距石门湾三四里外的南圣浜。

【同期声】

我的妹夫蒋茂春家在三四里外的村子——南圣浜——里。听见炸弹声，立刻同他的弟弟继春摇一只船来，邀我们迁乡。我们收拾衣物，于傍晚的细雨中匆匆辞别缘缘堂，登舟入乡。沿河但见家家闭户，处处锁门。石门湾顿成死市。河中船行如织，都是迁乡去的。

——丰子恺：《辞缘缘堂》

章桂没有同去，丰子恺没邀。是顾不上，还是没想到要邀？女佣李家大妈也留下了，看来是没想到邀。或者他们俩应当留下看家？但没有明确交待，那么是顾不上？不管是顾不上还是没想到，身份应该明确了。九十岁的章桂至今说起来，依然认为那是应该的，他说："我又不是他们家的人。"但是看得出，神情里不免有些黯然，有些酸楚。显见的，命与命是不同的了。

李家大妈那时快六十岁了，且耳背，她一个人睡在后面柴草屋里。章桂早已不在染坊了，他睡在缘缘堂退堂西间的小房间里。他留下来，不用说负有照看缘缘堂的责任；染坊歇业了，也须得连带着照看。

此时石门镇上凡乡下有亲戚的都走了，剩下一些无处可逃的人家，日机来了，就拿了细软躲到野外去。他们认为留在屋里不安全，一旦落了炸弹，人不被炸死，房子坍下来也要被砸死压死。那年章桂已经二十岁了，因为读书看报，些许有点防空知识。他劝大家不要轻易离开屋子，因为在旷野里反而容易给敌机发现目标。棉纱弄口有一幢最为隐蔽的房子，当时是镇上的一个图书馆，章桂建议大家可以躲避到那里去。

章桂的建议是对的。事实上，11月6日那天，死在野外的远比死在屋里的人数多。敌机飞走后，章桂到大井头野田畈里，只见桑园被弹片斜斜地削掉一大片；桑园里，田畈里，被炸弹炸死机枪扫死了好多人。后来听说家住南市的镇上名医魏达三，其时正在东市出诊，日机轰炸开始后，他怕待在病人家不安全，赶忙逃到附近的桑园里，却被日机发现，一阵机关枪，当场就被射死。

7

三天后，也就是1937年11月9日，夜里，丰子恺偕同长女——十八岁的陈宝悄悄回缘缘堂来取东西，主要是拿些书。他们把东西收拾在两个网篮里，却没有马上走，说："到镇上看看去。"章桂便陪他们一起去。

镇上黑漆漆，静寂寂，没半个人影；只有一两条瘦狗趴在路口，见了他们，喑哑地吠一声。

他们心情沉重地走着。走到堰桥头，听得一家楼上有人在痛苦地喊叫，喊叫声在死寂的夜里听起来格外地凄厉。凄惨的叫喊声抓住了丰子恺一行，他们不忍心马上离开，便上楼去看看。到了楼上，只见一盏昏昏的油灯下，一个人躺在床上哀号。这人的腿被炸伤了，用布包扎着，血糊的一片。丰子恺他们当然帮不上忙，不忍久留，只好安慰几句便赶紧下来了。回到街上，心情是更加恶劣了，心想，不知道还有多少人遭此荼毒呢？于是不敢再巡视下去了，迅速回到缘缘堂。丰子恺父女取了东西，回乡下去了。

日子难挨，也就这么一天天挨着。一天深夜，章桂尚未入睡，他半躺在床上就着美孚灯看书。自从来丰同裕跟随丰子恺后，章桂养成了睡前看书的习惯。这时，只听房门外远远地有踢踢踏踏的脚步声。起初，他以为来了小偷，神经骤然绷紧，一下竖起了身子。后来脚步声越来越近，在房门跟首停下了，章桂的心一下提到了喉咙口。

"笃，笃，笃。"是敲房门的声音。这声音不重，但在静夜里非常清晰。

不像是贼，章桂反而更加紧张。他壮起胆子问："谁？"

没有回答。

章桂有点害怕了，提高嗓门又问一句："是谁？"

还是没有回答。

章桂僵在床上一动不动。

正在惊疑之间，蓦地传来"砰！"的一声闷响，浑如有人砸了一把热水瓶。因为是静夜，这声音听起来格外巨大。它像一张膏药贴在了章桂的耳朵上，久久撕不下来。

章桂到底血气方刚，他乍起胆子翻身下床，举着美孚灯，打开房门出去看个究竟。可是退堂里什么也没有，只有墙上并排挂着丰子恺父母的两帧照片。章桂就想，莫非爷爷奶奶显灵，叫我们离开这里？

这是不是迷信呢？会不会是章桂一时迷糊发生的梦魇呢？但是章桂说他清醒得很，他没有迷糊，他在看书。章桂说，他也不相信迷信，但这是他实实在在的经历，的确不好解释。

第二天一早章桂去南圣浜了。不管怎么说，他要把这件事报告给慈伯。

章桂去南圣浜的上一天，驻扎在南圣浜的一位国民党连长对丰子恺说："看来嘉兴是守不住了，石门也只好放弃。"他劝丰子恺还是远走高飞的好，说："听说凡在日本留过学的中国人，日本人手里都有名册。他们一旦占领此地，就会来找你，要你出来当汉奸；你要不愿意呢，就有可能性命不保。"这样的流言和分析，听起来是怪吓人的。与此同时，马一浮先生从桐庐来信了。马先生在信里告诉丰子恺，他已由杭州迁居桐庐，住在迎薰坊13号。又询问石门湾的近况如何，可否安居。随信还附有一首油印的长诗，即著名的《将避兵桐庐，留别杭州诸友》。这信和诗给丰子恺一种伟大的力量，这力量要将丰子恺从故乡拉出去。现在又听章桂报告了这么一件稀奇的事情，几下里一凑合，丰子恺最终下定了外出逃难的决心。此行的最终目标应该是大后方武汉，但是第一站，先去桐庐。

几天之后，逃难的船只问题也解决了。10月20日，丰子恺的族弟平玉带了他的表弟周丙潮来拜访丰子恺。周丙潮一向仰慕丰子恺，苦于无缘得识，这一回知道他在南圣浜避难，认为机会难得，就央了表兄平玉陪他来拜访。其间说起逃难的事，丰子恺说："只要有一条航船载我们到杭州，之后就可以设法远行了。"周丙潮就说，在他们悦鸿村，要一条航船再加四五个船工到杭州，他是完全可以办到的。同时还要求说，如果可能，他和妻儿也愿意跟随丰子恺一家一起逃难。丰子恺当即表示欢迎。于是约定第二天上午，周丙潮放船来南圣浜。

送走平玉和丙潮后，丰子恺又找章桂商量。他说："我这一大家子，老的老，小的小，希望你能协助照顾，跟我一起走。"

章桂说："我是愿意的，但总要得到我爸爸同意吧。"

丰子恺就说："很好。那你马上回家，请你父亲来一趟南圣浜，我当面和他商量。"

章桂的父亲章占奎是个老实本分的农民，听说丰先生找他商量事情，不敢怠慢，立刻放下手里的农活，跟儿子去南圣浜。

在蒋家的堂屋里，丰子恺对章占奎说："我这一家十口人，老的老，小的小，出远门，我怕一个人照顾不过来，所以想带章桂跟我一起走。"

章占奎搓着两只沾了泥土的手点了一下头，没有说话。

丰子恺说："我会像待自己儿子一样待他的。你放心好了。"

章占奎又点了一下头，还是没说话。

丰子恺说："将来太平了，我们回来，我一定还你一个完完全全的儿子。"

这回章占奎说话了，他说："你带走他吧。"

丰子恺向章桂的父亲章占奎打了包票，把章桂带走了。可以确定的是，当时丰子恺的表态确是非常真诚的。后来的事实也证明，丰子恺带走章桂是带对了。不能想象，这一路要是没有章桂几个，丰子恺一家会是怎样一种状态。可惜，这世上存在太多的变数。八年之后，抗日战争胜利，丰子恺举家复员还乡，而困顿之中的章桂却留在了重庆。

逃难第一站·桐庐

遂令陶唐人，坐饱虎狼食。

——马一浮避兵留别诗

8

悦鸿村是吴兴县治下的一个小村子，距南圣浜不远，约"一九"①路。11月21日上午，周丙潮如期放船来南圣浜。中午，吃过饭，逃难船离开南圣浜，到悦鸿村已经才夜快②了。丙潮一家热忱地招待了丰子恺一行。

逃难船到的时候，周家的主人丙潮的父亲不在，他去庙里为即将远行的儿子祈福去了。

前一天，丙潮从南圣浜回来后，周家开了家庭会议，对逃难

----

① 杭嘉湖一带，民间计算里程，习惯以九里为一个单位，"一九"是九里，"二九"就是十八里。

② 才夜快，即傍晚。

一事作了郑重的商量。周父有两个儿子，即丙潮和他哥哥，兄弟俩均已成家，并有了孙辈，但尚未分家。周父有一个基本决策，就是两房儿孙，只能走一房，留一房。他的理由是：世事无常，尤其在这样的战乱年代，去和留谁也说不准哪种情况更危险。走一房，留一房，就好比将两笔钱分存在两家银行，总比存在一家银行风险要小得多。他是拿两房儿孙五六口人当做赌注了，往坏里打算，一笔输掉还有一笔，总不至于两笔都输掉吧。这是周父的精明，也是周父的无奈。这是战争对生命的轻贱啊！

商量结果，丙潮一房走，丙潮哥哥一房留。周家本是殷实人家，生离死别，比起穷人家来，更有一种割肉剜心的惨痛了。

一支逃难的队伍就此组成，他们是：丰子恺一家老小十人——夫妇俩，六个儿女，三姐丰满，年近七旬的岳母；丙潮一家三口；此外，还有族弟平玉以及章桂，共计十五人。

为安全起见，他们选择半夜离开悦鸿村。摇船的四个精壮汉子，都是周家田庄上的人，也就是周家的长年。那夜正值农历十月十九，农谚说，"二十傍傍，月上一更"。如果天气晴好，半夜应该是朗月当空的。现在虽然天气阴霾，云层低厚，但由于星月的渗透，夜色并不漆黑；四野仿佛浸在浓浓淡淡的墨水里，河流、树木、村庄，可以依稀辨认。

船在寂静中前进。四个船工，两人一班，一人掌橹，一人拉绷，"一九"一换。耳朵里充满的是船头激水的声音，哗啦，哗啦。这声音叫人放心，也叫人担心，还叫人生出丝丝莫名的惆怅。章桂提着篙子站在船头，一为察看动静，二为把握方向。

忽然，远远的水面上出现了一点灯光。会不会是渔火？凭经验章桂认为不是，因为渔火总是贴近水面的，而那盏灯却高高挑起。那会是什么船呢？正在疑惑，那船渐渐近了，这才看清，那高挑着的是一盏风灯。一跳一跳的灯影下，只见满船都是穿了黄军装的兵士，原来这是一艘兵船！章桂的心一下抽紧了。

兵船船头上站着一个别着盒子枪的军官。军官隔老远喊话："什么人？"

章桂说："老百姓，逃难的。"

军官命令说："靠过来！"

不敢违拗，只好将船头斜拢过去。章桂重申一遍："长官，我们是逃难的。"

军官一面扳住船棚，一面探头朝舱里张望了一下，说："你们一路过来，有见到日本兵么？"

章桂说："没见到日本兵。——我们是逃难出来的。"

军官望了望船梢说："我们是奉命开拔去双林、菱湖一带抗日的，正好缺少两名船工，借你们的人用一用吧。"

军官说完，也不容章桂他们分说，跳过两个兵士，连拉带推，硬劲将两个船工劫过船去。这真应了一句俗话：秀才遇见兵，有理说不清！

军官倒是信誓旦旦，说："摇到菱湖放他们回来。我说话算数。"

兵船走了，这里一船的人更加担心了。前路茫茫，要是再遇见兵船拉夫怎么办？

担心并不多余。行不多久，他们又遇见了两条兵船。但是，谢天谢地，总算没再被拉夫。对话是有的，同样被询问有没有见到日本兵；从中也知道了这些兵的来历，他们有的是驻守嘉兴的张发奎部，有的是千里迢迢从南方开来的广西部队。

船到塘栖，天已大亮，丰子恺叫停船。章桂不明白，丰子恺为什么要在塘栖上岸。是吃早点么？不会啊，船上备的有。再说这么一船的人，他也绝不会只顾自己一个人去用早点的。正自疑惑，丰子恺手里捧了一套军服上船了。章桂觉得奇怪：买一套军服干嘛？再说，军服也是可以随便买的么？

丰子恺把章桂叫到舱里，说："穿上。"

章桂立刻明白了丰子恺的用意。他很快穿好军服，戴上军帽，整好立角皮带，活脱脱一个小小军官呢。

穿上军服的章桂挺胸叉腰站在船头。对面开来的兵船接二连三多了起来，可是他们再没有遇见麻烦了，可见是章桂身上这套"虎皮"起了作用。就在这天深夜，逃难船安全抵达杭州，停靠在拱宸桥下的河埠边。

杭州全城一片昏黑，万籁俱寂，好像这是一座死城。

离天亮尚有四五个小时，大家草草吃些自带的干粮，就在船中蜷宿，等待天明。

章桂靠在后舱的舱门上正要朦胧睡去，觉得有人在推他，睁开眼一看，是慈伯。丰子恺压低嗓门忧心忡忡地对他说："白天我们不是听兵船上说，菱湖、荻港已被日军占领了么？"

章桂不知慈伯要说什么，他接不上话。

丰子恺接着说："看样子，敌人离我们不会很远了。如果敌军的进攻目标，包括杭州在内的话，我估计天亮前后，我们就有可能落入敌手。"

章桂不由担心起来，说："那这一船老小怎么办？"

丰子恺说："这就不好说了。但我最担心的是我带在身边的那部画稿。"

所谓画稿，就是那年丰子恺去南京开会接受的任务：根据蒋坚忍（百里）先生的《日本帝国主义侵华史》创作的漫画稿。这画稿原本打算带到大后方去出版，以鼓励全国民众的抗日斗志。

丰子恺说："万一让敌人搜到这部画稿，那一船人的性命肯定不保了。"

章桂说："那你说怎么办？"

丰子恺说："只有把它毁掉。"停了停又说："没关系，只要我能平安到达大后方，我一定会重新把它画出来的。"

于是趁着黑夜，两人把画稿撕碎，抛入了河中。

天放亮的时候，日军没有来进攻杭州，但是拱宸桥下荡漾的流水，已经记不起昨天深夜，曾经吞食过一本多年心血凝结成的画稿了。

9

由杭州去桐庐，须得去钱塘江边的六和塔觅车或者船，而从拱宸桥去六和塔要穿过整座杭州城，大约有三十六华里的路程。在战时公交中断的情况下，带了老老小小十余口人，靠步行，其艰难程度可想而知。所以丰子恺决定，对所携带的行李作一次精简。饶这么着，尚有三担之数。

天是阴沉沉欲哭不哭的样子。几经周折，总算出高价雇到一乘轿子，解决了七十岁的外婆行路难的问题；丙潮三岁的儿子当然由其父亲背负。这样，这一行十五人的逃难队伍，从拱宸桥出发，缓缓向六和塔进发了。

途经南山路时，凄厉的空袭警报响起，紧接着，前方远远地传来闷闷的飞机投弹声。路上有杭州人推测，可能敌人在炸钱江大桥了，但丰子恺一行依然硬着头皮按既定的路线前进。

约摸下午两点钟光景，一行人终于来到钱塘江边的六和塔下。一直阴沉沉饱和着雨意的天，再也撑不住，就沙沙地下起雨来。好在已经到了目的地，可是又累又饿，见路边有一家小茶馆，便走了进去。

因为战乱，又是阴雨天气，这小茶馆几乎没有茶客。茶馆门口，有一个卖油沸粽子的摊点。丰子恺一行进茶馆后，买了几碗茶，又买了些粽子，一边歇脚，一边算是进食中饭。

吃过午饭，丰子恺让平玉和章桂去江边寻车觅船。他俩离开茶馆，沿江一路过西。车，根本连影子也见不到；江边倒是有几条船，但早已经被人雇定了。烟雨之中，只见钱塘江一片灰蒙迷茫。属于他们的船在哪里呢？

天色渐渐向晚，船只依然毫无线索。也算天无绝人之路吧，正当他们一筹莫展的时候，远远地走过来几个穿黄布警服的青年。——他们遇见了一队警察。为首的显见是官了，果然，后来大家都叫他赵巡官。

章桂不肯放过任何可以觅到船只的机会。他向赵巡官打听了，并且把一大家子人困守在茶馆里焦急等待的痛苦，向这位警官倾诉，目的当然是以便得到他的同情，从而找到解决交通问题的门径。章桂说完，两个眼充满希望地盯住赵巡官的脸。

这位赵巡官三十来往年纪，却长了一张麻脸。俗话说，瘌痢乖作乖，也要给麻子拎草鞋。可是这位麻脸巡官非常善良，非常富有同情心，他听了章桂的诉说后，就说："我们封了一条船，本来自己要用的，现在可以让给你们。"

这无疑如同天上掉下金元宝一样，章桂、平玉不知要怎样感谢这位警官才好。

事实上他们警察局包括局长在内也要逃难啊，所以假公济私封存了几条船，以备不时之需。现在肯匀一条出来解人困难，足见这赵巡官是位仁爱君子了。

平玉回茶馆报告喜讯，章桂就跟随赵巡官去看船。他们走到一处江湾，果然见那里停泊着一只航船。赵巡官叫了两声船主，船主便耷拉着脸慢吞吞上岸来了。

那船主是个四十来岁的农民，脸色阴沉，大约是船被封存，心里不快吧。得知赵巡官把船让给章桂，他紧锁的眉头松开了。于是，三人当面将船资商定：摇到桐庐城里，四十元。然后，一面船主解缆把船摇到六和塔下，一面赵巡官和章桂去茶馆取船资。到了茶馆，十余口人得到有船的消息，早已非常高兴。丰子恺付过船资，一面再三申谢，一面和章桂送赵巡官出茶馆。

送走赵巡官后，大家即刻收拾行李，陈宝姐妹搀扶外婆，一行人出茶馆，迤逦向江边走去。

10

这是一条叫作蒲鞋船的航船。顾名思义，这船的形状就像一只巨大的蒲鞋。蒲鞋船有一个较为宽敞的船舱，可以兼作起坐和客房。船梢较小，大约才船舱的三分之一，那里主要是安橹工作的地方；平基一边放置缸缸灶、菜橱和餐具，也是船家做饭用餐的地方。船头最小了，一般只在开船或停靠时点篙才用。有情趣的船家，还在船棚和船梢放上几盆花草，当然都是些很贱的品种，比如粉色的凤仙花啊，紫色的鸡冠花啊，比如万年青、满天星啊。现在这只船，当然无情趣可言。

夜色越来越浓重了，船在橹声欸乃中默默地前进。蒲鞋船的舱房再宽敞也有限，十五个逃难客挤在不足六平米的一个空间里，舒展不了身体，只能半坐半躺。走了没多久，满伯（即丰满）忍不住，就发话了。表面上是自怨自艾，其实是说给章桂听的。

满伯说："这么一小块地方，睡了这么多人，太挤了。阿宝她们都是大姑娘了，章桂也是小伙子了，男孩女孩睡在一处，到底不便呀。"

满伯说的没错，那一年陈宝十八岁，林先十七岁，宁馨即软软也十六岁了，真所谓豆蔻年华啊；章桂都二十了，也正当青春年少，同睡一室是有些不方便。但现在是什么时候，什么状态，还顾得上讲究这个？即便平常年景，有时也讲究不了，比如坐火车，买的卧铺，一个包厢里很可能有男有女，怎么办？还不照样睡觉？

章桂清楚，满伯是个个性很强的女人，常常率性而为，她心直口快，又有些尖刻。据说她和她的丈夫关系一直不错，一次为几句玩笑话，她就顶真了，竟然义无反顾坚决离婚。离婚之后，十几年来她一个人带了软软过日子，无怨无悔。丰子恺体谅三姐的艰难，就把软软接过来当女儿抚养。丰子恺也深知乃姐的个性，平时尽量不去招惹她，有时给章桂买东西，也必定叮嘱一句："别叫你满伯知道啊。"

【同期声】

满娘的婆母封建思想严重，要满娘留在家里不工作。满娘不耐寂寞，有时去友人茅盾孔德芷夫妇和茅盾弟弟沈泽民处走动，他们也来看她。婆母不喜欢满娘与人交往，也不喜欢她常回娘家。满娘受不了，有一次回娘家后就不肯回去了，提出要离婚。我祖父早在1906年就已经去世，我祖母思想还算开通，她表态说："糙米粉再搓也搓不成糯米团子，这两个人不可能再团圆。"当时离婚是极其稀有的事。无奈，由我爸爸约请了曹辛汉、茅盾两位朋友，一起在嘉兴曹家，与在嘉兴教数学的徐叔藩姑夫谈判。终于签约离婚，曹辛汉与茅盾两位先生就当了离婚的证人。

——丰一吟：《我和爸爸丰子恺》

满伯的话在章桂听来，就是埋怨甚至指责，显见他是外人了。这让章桂感到难为情，也感到有些伤心。他悄悄地爬出船舱，睡到船梢上去了。

不一会儿，婶妈从舱里出来，拉章桂回舱房睡。她柔声说道："睡在外面不行的。外面风大，要睡出毛病来的。"又说："不碍事的，你们就像兄妹一样。自家兄妹在一处，有什么关系呢！"

婶妈这个举动是关心爱护章桂，实际上也是对满伯不通人情的否定。婶妈是唯一自始至终将章桂当成子侄一样看待的人。婶妈是让章桂感念一辈子的亲人。九十岁的章桂提起婶妈来，眼底就会闪动起孩子一样的光亮。

　　丰师母徐力民称得上是一位贤淑端方的中国女性。她敦厚温婉，心地非常非常善良。1920年长女出生，外家替雇了一个奶妈。这奶妈什么都好，就是眼皮子浅，手脚不大干净。她过一阵子就要偷走陈宝身上戴的一些小挂件，金木鱼啊，金老虎啊什么的，还嫁祸于人，谎称谁谁抱过孩子了。她是摸准了少奶奶的好脾气，不会为这种事嚷嚷开来，弄得族中姑嫂妯娌不和的。

　　可是不久东窗事发了。这也怪这奶妈太过贪心。那一次少奶奶归宁，要她先下楼把拎箱放在堂屋的八仙桌上。她认为机会来了，就偷走了箱子里的一对金手镯。她把金手镯用小孩的尿布包好，藏在厨房后面地板间的一只马桶底下，打算事后去取。一对金手镯可不是小挂件，而且少奶奶就要戴着上船的。这下子不想声张也不行了，结果被染坊一名叫祝官的职工发现了。金手镯用尿布包着，不问可知就是奶妈作的案。那个奶妈吓得脸无人色。但少奶奶没有责罚她，连一句重话也不说，反而安慰她。

　　不久，外公徐芮生知道了这事，认为这样的人不堪再用，决定辞退这个奶妈，又怕她没了面子，一时想不开，会做出什么傻事，就吩咐染坊里的一个职工，用划船护送她回她乡下的家中，当面交给她的丈夫和婆婆。村上人就告诉护送去的人说，奶妈在丰家做了一年多，家里都置了好几亩田地了，看来是用偷来的金器买的。

　　婶妈的举动让章桂感到温暖；他感激婶妈，但他还是睡在船梢上，不肯进舱去睡。不久，他就迷迷糊糊地睡着了。

11

半夜里，章桂被人推醒，这才发觉身上盖着被子。这被子是外婆替他盖的，章桂心里又是一热。

推醒他的人是丰子恺和平玉。丰子恺对他说："我们'吃板刀面'了。"

"吃板刀面"是石门湾一带的土话，意思是被人算计、中人圈套了。莫非又有什么麻烦事了？这么想着时，他发现有什么不对了，是了，船怎么不走了？爬起来看时，可不是，船家把橹抽上来，坐在一边黑起了脸。船在江心打转转呢。

丰子恺再次说："我们'吃板刀面'了。船家讹上我们了！"

这时只听船家问道："你们究竟付多少船钱啊？"

平玉说："不是说好四十元到桐庐么？"

船家说："可我没见到钱。"

平玉说："怎么会呢？我们已经付给赵巡官了。难道他没给你？"

船家说："我没拿到钱。"

丰子恺他们一听也都急了，四十元对于逃难中的人，可不是一笔小数啊，说："怎么会呢？"

船家说："我真没拿到钱。我总不能白摇你们到桐庐吧？"

章桂就想，赵巡官这么个良善人，不能吃没这笔钱吧？不过人心难测，见钱眼开的事也有可能发生。但是，面前这船家更让人怀疑：这会不会是个存心讹人的老江湖呢？

想到这里，章桂就说："你是故意为难，敲诈我们吧？"

船家哭丧着脸说："反正我真没拿到钱。"

看来这事一时无法弄明白，而现在重要的是这一船人能尽快到达桐庐。

丰子恺说："这样吧，要是你真没拿到钱，我们也不会让你白摇这一趟。但是我们现在身上凑不齐这四十元，等到了桐庐向亲戚借了付给你。反正四十元不会少你一分。"

船家听了，说："那好吧。只是我现在一个人，摇到桐庐也吃不消，好在这儿离我们村子很近了，我再去叫个人来帮忙。"说完，他重新安上橹，将船傍到岸边。

船家上岸系好缆绳，便沿着一条小路朝远处的一个村庄走去。

待船家一走，平玉和章桂也跟着上了岸。平玉到附近稻田里扯了一把稻草，挽成一个草圈，把它挂到岸边的一棵树上。平玉说："万一这家伙有什么花头，我们遭什么不测的话，这是个记号。"

章桂则暗暗盯上船家，看他是真去找帮手，还是另有不轨的图谋。天虽然雨雾蒙蒙，但到底是亮星夜，拉开一段距离，还是隐隐约约能看见。

那人进村之后，先摸到一家，叫门后说："警察局已放了我。现在有一船客人要去桐庐。"看来这是他自己家。交代几句后又叫开另一家，只听他说："摇到桐庐四十元，跟你平分。"不一会儿，那家的一个男人就跟船家一同出来了。

看来船家真不是坏人。章桂想，我们恐怕真的误会他了。照此看来，那四十元钱他真的没拿。那难道真是赵巡官吃没了？

船到桐庐已是第二天上午了。船靠码头后，平玉对船家说："行李先放你船上，我们去拿钱，付了钱再取东西。"

船家说："不用了吧。我送你们去好了，顺便把船钱拿了，省得你们来来去去费工夫。"不知他真想省些工夫，还是怕情况有变拿不到船钱。

一路问讯才找到迎薰坊13号，原来迎薰坊离码头不远。13号是一幢高大的宅院，令章桂想不到的是，墙门口居然有两个兵士站岗。船家一见这阵仗，好像有点害怕，两个手禁不住在他的破短袄上擦了又擦。及至进入院子，在厅上见了马一浮先生，那一种气势，船家更是站立不安了。

就在这时，平玉一把抓住船家的胸脯，说："你个家伙，说实话，到底拿过船钱没有？"

船家扑通一声跪到方砖地坪上，说："长官，船钱我真的没有拿过。不过现在我不要了，求长官……"

船家那种样子实在可怜。汉官威仪一向是中国老百姓所害怕的，更何况在这兵匪作歹的战乱年代！众人于心不忍了，都上来劝解。丰子恺对平玉说："算了，他们摇了我们一天一夜也不容易，就如数付给他吧。"

在迎薰坊住了四天后，11月28日，丰氏逃难团又迁居离城二十里一个名叫河头上的小村子，住在一家姓盛的乡长家里。不久，马先生也迁居阳山畈汤庄。河头上与汤庄相距不远，丰子恺就常常带了章桂去拜会马先生，就像几年前在杭州，去陋巷拜访他一样，而且比在杭州时还要频繁。这就是后来非常著名的桐庐负暄了。

逃难第二站·兰溪

蒸黎信何辜，胡为罹锋镝？

——马一浮避兵留别诗

12

然而好景不长，不久日军攻打杭州，桐庐岌岌可危了，于是丰子恺决定再度远行。可是盘川不够了，丰子恺便取出一张未到期的存单，对章桂说："只好辛苦你一趟了，去杭州中国银行把这钱取出来。"又说："存单没到期，须要有个担保。我想你可以去杭州市政府，找秘书长陈成仁，他曾在一师教过书，也算我的老师。我想他会帮我这个忙的。"

当时银行规定，定期存款提前领取，必须有五千元以上固定资产的店铺，或者有一定级别以上的官员作保才行。丰子恺没有商界的朋友，只好让章桂去找官员了。

章桂拿了存单和介绍信立刻搭车去杭州。因为动身已经是下半昼，到杭州天也黑了，他就先到"陌巷"马一浮先生家借宿一夜。因为在杭州时他常去马府，所以跟马府的仆人都很熟悉。马家人见是章桂，就很热情地接待了他。

第二天早上，他离开马府一路问讯，找到在西湖边的杭州市政府，又很顺利地见到了丰子恺的老师秘书长陈成仁先生。章桂说明来意，把介绍信递过去，同时急切地望着陈成仁的脸色。陈成仁脸上毫无表情，他看过介绍信后说："这虽是件小事，可是不大好办。现在非常时期，多事之秋啊。你们不知道，市府里头情况复杂得很呐，一个细节上的疏漏，就有可能招来麻烦。所以，我只有对你们说声对不住了，你们另找别人担保吧。"

想不到会是这样！

章桂还想恳求，陈成仁却摇手制止了他。他埋头看起文件来，不再理章桂了。章桂就想，也许市政府这种地方真的很复杂，也许陈成仁在市政府里混得不怎么样，但是，担保一笔数目不大的银行存款总不成问题吧？就这么薄情寡义呀。可是人家不肯，又有什么办法？

没有担保，钱就取不出来，这一趟算白跑了，只得赶紧回桐庐再说。可是赶到汽车站，已经没车了。

"这么早就没车了？那什么时候有车？"章桂问车站上的人。

"没有了。长途车停开了。"车站上的人说。

"昨天还有，今天怎么就没有了？我昨天就是乘长途车从桐庐来杭州的。"章桂说。

"昨天有，但今天没有了。车都给调光了，没有车了。"车站上的人说。

"那我怎么回桐庐呢？"章桂是问车站上的人，同时也问自己。

车站上的人倒是好心，就指一条路给章桂，说："你还是马上去三浪庙坐船吧，或许船还没开。"

章桂问清去三浪庙的路线，拔脚就走。从汽车站到三浪庙轮船码头，总有两三里路吧，等章桂紧赶慢赶赶到那里，船倒是有，但也停开了，大约也被征用了。倒是有三轮车，也愿意去桐庐，但是坐三轮车到桐庐得多少车费啊。路跑？这么几十里路，走到什么时候？慈伯他们在翘首以待啊。章桂忽然想起，刚才在车站好像看见里面停着一辆车，会不会是车站上留给他们自己用的？这么一想，章桂决定重回车站去碰碰运气。

章桂的猜测没错，那车还真是车站留给自己内部使用的。章桂赶到时，车上已坐满了人，司机已点着火，格格格地准备启动。章桂一见急了，也不问青红皂白，攀上车沿，硬是将自己从车窗里塞了进去。

车里真是挤啊，也不知道哪来那么多人！难道车站有那么多职工？看来是连家属带亲戚朋友了。总之，章桂挤在车里，就像一支签硬插进签筒里，脚始终悬空没有落地，这样一直到达桐庐。

13

虽然川资短缺，但远行的计划不变。丰子恺决定先去兰溪，就像俗话说的，吃萝卜，吃一截剥一截。这时丰子恺的族弟平玉不知什么原因，中途离开，去了上海；有一个在钱塘江支流分水江水文站当站长名叫车汉亮的，带了两个儿子加入到这支逃难队伍中。

因为当时传言，一旦杭州被攻破，浙江很可能马上失守。要是那样，那么去江西、湖南的交通就会瘫痪。万一无车无船，就要步行，这在别人尚可应付，七十岁小脚零丁的外婆怎么办？所以想来想去，只有将老人留下了。当然，要留在一个相对安全的地方。在征得老人同意后，丰子恺就将她托付给了家在船形岭高山顶上的友人黄宾鸿先生。

虽然平玉走了，外婆也留下了，但又加进了车汉亮父子，逃难队伍依然庞大。这时桐庐汽车站还有班车，但班次已非常非常少，这么一支十六人的队伍要坐车去兰溪，根本就不现实，于是托人在桐庐城里租定了一条船。

1937年12月21日早上，先在河头上坐小船去桐庐，吃过中饭，换坐租定的大船去兰溪。船行一段路后，婶妈忽然伤心落泪了。谁都看得出，她是想起外婆了。其实从打决定将外婆留下，她就一直不开心。你想，毕竟母女连心啊，一同逃难出来的，半道上顾了自己逃生，把老人一个人孤孤单单撇在一个陌生的地方，作为女儿，怎么能放心？又怎么能忍心呢？

大人不敢去捅破这层窗户纸，孩子却管不住，说："外婆同来多好！"

婶妈听了，眼泪更是止不住了。

章桂从未见婶妈这么伤心过，他一张喉咙就喊："停船！停船！"

丰子恺说："你要干什么？"

章桂说："我们不能丢下外婆。我去接外婆。"

其实章桂也说出了丰子恺的心里话。他将外婆安排到船形岭，也是迫不得已的事情，终究心里有一分歉疚啊。现在章桂主动提出去接外婆，那是再好没有了。

船在荒野滩上靠了岸，章桂一步就跳上岸去。

【同期声】

据我所知，是父亲提出请他去接外婆。但他确实建了大功。

——丰一吟侧批

从桐庐县城去河头上二十里，再从河头上去船形岭是二十五里，而且那二十五里是山路。章桂一路快走，走到河头上差不多已经天黑了。他一脚跨进房东盛家，盛家的人觉得奇怪，说："小章，你怎么又回来了？"

章桂在河头上这些日子，早已和盛家人非常熟悉，也不必客气，就说："你们立刻给我做饭，我吃了好早点睡觉。半夜里请你们叫醒我，我要上山去接外婆一同去兰溪。"

章桂又托盛家叫好一乘山轿，自己吃过夜饭就去睡了。二十里路，走得又急，真累了他了，放倒头就睡着了。

半夜里，一乘类似四川滑竿一样的山轿离开河头上，走在去船形岭的山道上。章桂因为没有完全睡醒，一路上跟在轿子后面磕磕绊绊地走着。天气倒是分外地清朗；大概已是农历十一月二十了吧，一轮银盆一样的圆月静静地悬在山梁上。云很淡，天很宽广；月光泻在山野里，深深浅浅，山野也就和天一样宽广了。山风吹来，真是好凉啊，章桂不由得瑟缩了一下。但他的心情很好，他认为他正在干一件非常重要的事情。他真的很开心。

二十五里陡峭的山路弯弯曲曲，到达船形岭时天还没亮。船形岭，远远望去真像一艘船呢。绕过村口的三棵大树，就进入了村子。这个山顶上的小村子，一溜七八户人家，也不知哪家是黄宾鸿先生家，只好冒昧地一家一家叫过门去了。

叫开黄家的门，将消息一告诉外婆，老人家高兴得什么似的，立刻起床，忙忙地穿衣梳洗。黄家人也赶紧点火为老人做饭。

吃过早饭，收拾行装。老人家什么东西也舍不得丢弃，所以一个人倒有两个大包，四个小包。这怎么带呢？还是轿夫有办法，他们将四个小包挂在前轿杠上，一个大包挂在后轿杠上，剩下一个最大的包由章桂来背。就这样，谢过黄家，一路下山了。

他们是从船形岭直接去桐庐的，这一路四十五里，到达桐庐汽车站时，已是上午八点多钟了。

汽车站说不上是个站，只有很小的两间平房，一间售票，一间候车。平房前一块长着狗尾草的巴掌大的空地，就是停车场了。停车场上停着一辆破破烂烂的汽车，这车灰土土的，也不知它本来是什么颜色，真是老掉牙了。车门紧闭着，车门前已经挤了一大堆人，其中有三五个学生模样的青年在说笑着。章桂过去打听车情，才知道他们是上海交通大学的学生，也是去兰溪的。可能因为同路，又是在战乱这样特殊的环境下，人与人特别容易沟通吧，三言两语之后，他们便熟识了，一时间就仿佛乡亲一般了。当他们知道章桂也去兰溪，并且带了个七十岁的老人，还有这么多行李，就主动过来帮忙。他们分了工：学生负责保护外婆上车，章桂负责装载行李。

车门开了，人们蜂拥着拼命往车上挤。那几个大学生到底年纪轻力气大，他们用身体围成一个圈，让外婆走在圈内，就这么护着她挡开众人，将她搀扶上了汽车。上了车，还帮她占到了一个座位。章桂则是一趟一趟爬木梯，把两家的行李搬上汽车的顶棚，用网绳扎紧。之后，他也挤上了车。

汽车沿着富春江西行，天色将晚时来到江边一个岔道口，这里有一个临时停靠站。原来这车是去安徽的，去兰溪的旅客得在这里下车，过江转车去兰溪。

从停靠站到江边渡口，有半里多路。章桂肩扛手提那么多的行李，领着个小脚的外婆，半里路也要走半天的。那帮大学生当然没耐心一起陪着，就先走了，但是承诺，帮章桂他们开好房间。

外婆也很努力，总算紧走慢赶到了江边。这时暮霭四起，渡口已经空无一人。渡船泊在南岸，渡工坐在船梢上抽烟，显然他已经收工了。章桂不免有些焦急，就一面挥手，一面扯着脖子喊："过江！过江！"

渡工衔着一根短烟杆一动不动地坐着，蓝色的烟雾一缕一缕从他头上升起。章桂疑心，这人会不会是个聋子？心想，这下惨了，过不了江，附近又没有人家，难不成要在江边露宿一宵？没有办法，只得又扯开嗓子朝船工苦苦恳求。但是那船工真像是聋子，仍然木头一样坐着，也不走，也不向这边看。章桂真不知拿船工怎么办好了。

又一次应了"天无绝人之路"这句古话。正当章桂他们绝望的时候，只听身后远远地传来一阵杂乱的马蹄声。回身望去，见土路上烟尘滚滚，一队七八骑的马队正朝江边走来。章桂没来由地忽然想起家乡的淹蹄庙，眼前的马队和迷失在历史尘埃里的康王泥马奇妙地重合到一起。更让章桂吃惊的是，骑着赤酱色高头大马的首领不是别人，竟然是钱塘江边帮他们解决去桐庐航船的赵巡官！

赵巡官也认出了章桂，他滚鞍下马，说："小章，你们怎么还在这里？"

章桂真是欣喜极了，便把这一个月来的情况大概说了一下，又说了眼前的困境。赵巡官听了笑笑说："放心。"说完，走到江边，从口袋里掏出一个黄铜的巡捕哨，对着南岸"嚁——"一声长鸣，那只渡船就乖乖地剪江摇了过来。

赵巡官让章桂和外婆先上船。又嘱咐，一会儿马上船来，要他们一定站在马脖子底下。他解释说："人站在马前，马是不会伤人的。切不可站到马的身后，站到马身后马就会尥蹶子伤人。"

章桂先把行李搬到船上，然后搀扶外婆上船。紧跟着，赵巡官牵马上船了。由于船太小，那匹火炭一样的公马紧挨着他俩，马的脖子正好高高地悬在头顶，章桂都能闻到马湿漉漉的鼻息气。

三个人一匹马，平平稳稳地过江。江面不宽，渡江应该是一瞬间的事，但章桂却觉得特别地绵长，他尽可以有充裕的时间跟赵巡官说点什么。说什么呢？去桐庐的四十元船资，你有没有给船夫？这话问得出口么？赵巡官那么一个良善人，他会这么干么？可是，人是复杂的，人心是很活很活的，良善人一时也有起贪心的可能啊。即使赵巡官真的昧了这四十元钱，此时的章桂好意思提起么？他开不了这个口，他开不了。

这么想着犹豫着，渡船就靠岸了。上岸之后，章桂当然对赵巡官千恩万谢，赵巡官只是挥了挥手。章桂就觉得对不起赵巡官，真的觉得对不起，他不能那样想他。

　　江南岸不远是一个十几户人家的草镇，镇上倒有一家旅馆。章桂他们一进旅馆，就见到了那几个上海交大的学生，他们真的已经帮忙把房间开好了。

　　12月23日上午，章桂同外婆到达兰溪。当章桂拖着大包小包搀扶外婆走出车站时，早就等候在那里的婶妈和陈宝便飞也似的跑了过来。婶妈接过章桂手里的四个小包，泪光盈盈地说："章桂，辛苦你了！"

　　外婆的失而复得，让丰子恺一家非常高兴。尤其婶妈，她一颗悬着的心落地了。这不仅让她重续了亲情，捡回了孝心，卸去了担心，更是避免了有可能因此而造成的终生遗憾。"失而复得"是丰家几十年来一直津津乐道的事情，七十年后，丰一吟先生还怀着感激的心情对章桂说，这是他们家这辈子最最高兴的一件事了！

逃难第三站·萍乡

登高望九州，几地犹禹域？

——马一浮避兵留别诗

14

兰溪某家旅馆的某号房间响起了叩门声：笃，笃，笃。正在房内休息的丰子恺起身过去开门。房门一开，门内门外的两个人同时愣住了。之后，丰子恺一把拉住来人的手，惊喜地说："是你啊，聚仁兄！"

来者名叫曹聚仁，是丰子恺一师时的同学。曹聚仁是金华人，但金华兰溪向来被视作一地，所以也可算是本地人。曹聚仁是著名的记者、作家，当过暨南大学和复旦大学的教授，主编过《涛声》《芒种》等文艺杂志。此时他带笔从戎，担任中央通讯社东南战区的特派记者。他穿一身簇新的草绿色军服，拴着武装带，皮军靴锃光瓦亮，一见面就哈哈大笑，伸出一个指头点点丰子恺说："迁夫子啊迁夫子！"

　　原来，曹聚仁来旅馆，偶然在旅客登记簿上见到"丰仁"这个名字，便猜想这个丰仁有可能是丰子恺，便试着跑来相会，叩开门一看，果不其然！不由得哈哈大笑。丰仁这名字，丰子恺早已不用了，所以一般人不知道丰仁就是丰子恺。曹聚仁是他的老同学，当然知道的。

　　进门坐定之后，曹聚仁说："为什么不用丰子恺这名字？你是怕招摇是吧？怕什么嘛。不信，你把'丰子恺'这旗号亮出来，保管一切会方便得多的。"

　　尽管后来因为对于"护生"的看法，两人发生了严重分歧，以致丰子恺恨不得把"一饭之恩"的饭吐出来还他，但是曹聚仁"亮出丰子恺旗号"的建议他还是采纳了。事实上，自从亮出旗号后，的确方便了许多。最突出的一个事例是1939年，丰子恺一家化整为零，从宜山撤往都匀，丰子恺本人带了老小五人滞留在河池一家旅馆，因为为店主书写一副对联，伙计将对联拿到马路上去等字晾干，被一位仰慕丰子恺的人见到，从而解决了交通工具问题，侥幸到达了目的地。

　　当晚，曹聚仁尽地主之谊，在一家名叫聚丰园的饭店宴请丰子恺一家，章桂也有幸忝列其中。在酒宴上，曹聚仁劝丰子恺不必西行，可以改去本省的偏僻山区永康或者仙居。起初，丰子恺认为曹聚仁的建议不无道理，但是回旅馆后与家人一商量，觉得还是应当按原计划西去长沙为妥。加之从兰溪银行一位崇德同乡那里打听到存款可以兑领一半的信息，这样，川资不敷的问题也解决了。因此，第二天，也即12月24日，丰子恺在旅馆留下一张给曹聚仁的便笺，带了一行人又西行了。

现在看来，也许丰、曹的兰溪相会，是造成日后两位老同学交恶的一个导火索。对"护生"的不同看法固然是主要原因，但我认为也不排除其他诸如误会一类的因素。据当时在场的章桂的描述，曹聚仁那时真是一副生气勃勃、意气风发的样子。他当战地记者，比较接近战事的中心，接触的人多，见到的事也多，对战争的残酷性可说是感同身受，因而有过激言辞也是可以理解的。而丰子恺，相对来说是处在类似二线的位置，又有佛学的思想背景，因而更是从人性的终极性上看待这一问题。那么，他们的意见相左，产生分歧，就在所难免了。

其实，那时候持有曹聚仁这样观点的人不在少数，相似的例子还可以举出叶圣陶先生。叶先生在《蜀中书简》中曾就马一浮办复性书院一事提出过异议。他在1939年4月5日一信中说：

> 马一浮先生已来，因昌群之介，到即来看弟，弟与欣安同出游数回。其人爽直可亲，言道学而无道学气，风格与一般所谓文人学者不同，至足钦敬。其复性书院事，想为诸翁所欲闻，兹略述之。先是当局感于新式教育之偏，拟办一书院以济之，论人选，或推马先生。遂以大汽车二乘迎马先生于宜山，意殆如古之所谓"安车蒲轮"也。（马无眷属，惟

有亲戚一家，倚以为生。）接谈之顷，马先生提出先决三条件：一，书院不列入现行教育系统；二，除春秋释奠于先师外，不举行任何仪式；三，不参加任何政治活动。当局居然大量，一一赞同，并拨开办费三万金，月给经常费三千金。而马先生犹恐其非诚，不欲遽领，拟将书院作为纯粹社会性的组织，募集基金，以期自给自足，而请当局诸人以私人名义居赞助者之列。今方函札磋商，结果如何尚未可知。院址已看过多处，大约将租乌龙寺，寺中有尔雅台，为犍为舍人注《尔雅》处，名称典雅，马先生深喜之。至其为教，则以六艺。重体验，崇践履，记诵知解虽非不重要，但视为手段而非目的。此义甚是，大家无不赞同。然谓六艺可以统摄一切学术，乃至异域新知与尚未发现之学艺亦可包罗无遗，则殊难令人置信。马先生之言曰："我不讲经学，而在于讲明经术"，然则意在养成"儒家"可知。今日之世是否需要"儒家"，大是疑问。故弟以为此种书院固不妨设立一所，以备一格，而欲以易天下，恐难成也。且择师择学生两皆非易。国中与马先生同其见解者有几？大纲相近而细节或又有异，安能共同开此风气？至于学生，读过《五经》者即不易得，又必须抱终其身无所为而为之精神，而今之世不应无所为而为也。

在另一封信里，叶先生说得更为清楚，他说：

最难通者，谓六艺可以统摄一切学艺，如文学、艺术统摄于诗、乐，自然科学统摄于易，法则、政治统摄于礼。其实此亦自大之病，仍是一切东西皆备于我，我皆早已有之之观念。试问一切学艺被六艺统摄了，于进德修业、利用厚生又何裨益，恐马先生亦无以对也。

他佩服马一浮先生的风格，却怀疑他的主张的实际意义，可谓旗帜鲜明。在事隔近四十年以后的1976年，叶圣陶的观点依然不变。他在4月16日给俞平伯先生的信中，对俞平伯来信评价他的《蜀中书简》反应强烈，他说："言及弟之蜀中书简诵之数遍，感极欲涕。因兄之指示与评品，俾弟以今日客观之我重省当时主观之我，一若当时所言所做所想似还可以也者。"《蜀中书简》当时曾片段发表于上海出版的《文学集林》中，马先生和丰子恺有没有看到，现在已无从知道，但是我想看到的可能性应该有吧。即便没有看到，凭丰子恺和叶圣陶当时的亲密关系，他们时相往还，也不会不听到或感受到他对马先生的这种看法。以丰子恺对马一浮先生一贯的崇敬心理，也不见他有什么反感的表示。何况，叶圣陶对丰子恺也曾提出过批评呢。《蜀中书简》编号第十一的一封信里说：

子恺笔下殊闲适，于此似不甚相称，然经过这回播迁，或许风格一变。他近来仍作漫画，弟观之依然有形式与内容不相应之感。

第十二号信又说：

　　昨曾寄与（子恺）一长信，讨论作新歌曲，并劝其改变漫画之笔调，使形式与内容一致（彼虽画一赳赳武夫，仍令人觉得是山水中人物，此殊非宜也）。

这回是明明白白的批评，丰子恺却没有一点点不愉快，他是将之看作老朋友之间的诚恳劝勉吧。我想，丰子恺之所以恼怒曹聚仁，除了立论的不能接受，很大程度上是由于曹的口气和态度。

【同期声】

　　去年冬天我与曹聚仁兄在兰溪相会，他请我全家吃饭。席上他忽然问我："你的孩子中有几人喜欢艺术？"我遗憾地回答说："一个也没有！"聚仁兄断然地叫道："很好！"我当时想不通不喜欢艺术"很好"的道理。今天，三月二十三日，我由长沙到汉口，就有人告诉我："曹聚仁说你的《护生画集》可以烧毁了！"我吃惊之下，恍然记起去冬兰溪相会时的谈话……

　　　　　　　　　　　　　　——丰子恺：《一饭之恩》

去年十二月底，我率眷老幼十人仓皇地经过兰溪，途遇一位做战地记者的老同学，他可怜我，请我全家去聚丰园吃饭。座上他郑重地告诉我："我告诉你一件故事。这故事其实是很好的。"他把"很好"二字特别提高。"杭州某人率眷坐汽车过江，汽车停在江边时，一小孩误踏机关，车子开入江中，全家灭顶。"末了他又说一句："这故事其实是很好的。"我知道了，他的意思，是说"像你这样的人，拖了这一群老小逃难，不如全家死了干净"。这是何等浅薄的话，这是何等不仁的话！我听了在心中不知所云。我们中国有这样的战地记者，无怪第一期抗战要失败了。我吃了这顿"嗟来之食"，恨不得立刻吐出来还了他才好。

——丰子恺：《未来的国民——新枚》

关于这一点，曹聚仁是这么说的：

哪知一件意外的事到来了，抗战军兴，上海沦陷了，子恺兄回到了浙西家乡去，也是住不下去；正当杭州危急那一段时期，他带着一家人，还有他的姐姐，沿钱塘江流亡到了兰溪。兰溪是我的家乡，那时，我恰好在城中，道左相遇，便邀他们在我的亲戚家中招待了一晚，还替他们安排到金华去的交通工具。那晚的餐式，相当齐全丰富，总算对得起老朋友了……

后来，我从江西转到了桂林，那时，开明书店在那儿复业，宋云彬兄也把《中学生》复刊了。他邀我写稿，我就把旅途碰到了子恺兄的事，还说了他们沿途听见的日军残暴的事迹，血淋淋的惨状，一一都记了下去，也说了子恺兄的愤恨之情。大概，我引申了他的话："'慈悲'这一种观念，对敌人是不该留存着了。"我的报告，相当生动，云彬兄颇为满意。哪知，这一本《中学生》到了上海，子恺兄看了大为愤怒，说我歪曲了他的话，侮辱了佛家的菩萨性子。他写了一篇文章骂我，说悔不该吃我那顿晚饭。好似连朋友都不要做了。过了好久，我才转折看到这一篇文章，也曾写了一篇《一饭之？》刊在上海《社会日报》上，他一定看到的。不过，我决定非由他向我正式道歉，我绝不再承认他是我的朋友了。

这是曹聚仁晚年所写的回忆录《我与我的世界》一书第一〇八章《朋友与我》中的一段话。曹聚仁是1970年开始动笔写这部回忆录的，直到1972年5月病重不能提笔为止；两个月后他就在澳门的镜湖医院去世了。由此可见，他对丰子恺对他的误会，一直耿耿于怀，直至临终都不能够释怀。

15

从兰溪出发，一路经过衢州到达常山，水路不通了，只好改为车行。可是没车。地陌人疏，上哪找车去？俗话说，车到山前必有路，这话现在倒过来了：山前有路没有车。没有车，天又作对，下起雨来了。淅淅沥沥的雨声，让人更加心烦意乱。

又是一个"天无绝人之路"。谁也不会想到，在这么一个僻远的浙西南小县城，竟会遇见丰子恺小学同学魏荫堂的弟弟魏荫松！魏荫松是浙江省公路管理局汽车修造厂的职工，这修造厂恰好设在常山。

等了不过一顿饭的工夫，魏荫松借来了一辆汽车。可惜这是一辆敞蓬车，又没有汽油；但在那样的情况下，只要是辆车就烧高香了。花五元钱买了一桶汽油，又付给司机三元钱工资，这一段路的交通总算解决了。因为白天有可能被军队扣车运兵，所以大家商定天黑之后上路。

这样也好，一大帮人可以从从容容吃个晚饭。

吃过晚饭，天也黑了，老小一行上车。老天从早到晚一直阴雨绵绵，盼着开车时雨能停下来，谁知汽车发动时，雨反而大起来了。没有雨具，只有一块两三尺见方的胶布，当然先要给老人和孩子，其余人只好任雨浇淋，不一会浑身上下就湿透了。农历十一月底，夜晚已经相当寒冷，又加上雨水一层一层地浸入，那样一种凄苦，非言语可以形容。

　　汽车在浙赣交界的山岭上穿行，路况不好，一路颠簸晃荡，人就像筛匾上的豆粒。在通过一个峡口时，汽车的一个后轮一塌，车身就慢慢向一侧倒去。眼看一场车祸即将发生，但是还好，车倒了一半竟不动了，就这样斜在了那里。原来幸亏是峡口，路窄，车身靠在了崖壁上。崖壁下是一条沟，沟水哗哗，那个塌出的后轮悬在水沟上。因为车小人多，章桂坐在车帮上，由于惯性，他差一点飞了出去，全靠机灵，迅速抓住驾驶室后面的一根铁栏，否则后果不堪设想。

　　汽车好容易摆脱那条水沟，重新上路了。司机此后更加小心谨慎，总算一路顺利到达此行的终点站江西玉山。

　　关于这一段路的终点站有两种说法。丰一吟先生说是上饶，玉山是章桂的说法。我告诉章桂，丰一吟先生说是上饶，章桂想了一会说："我记得是玉山。"又想了一会，说："是玉山。"

　　是上饶还是玉山，并不重要，但我要学学良史，按当事人的记忆留此一说，以存其真。

　　行文至此，忽然想起了司马迁。司马迁当然是中国首席良史了，但他也犯过一次失职的错误，那就是对汉武帝改革历法这件事没有如实记录。大概说来，汉朝建立前，我国一直沿用颛顼历。这个历日制度，是以冬季十月为岁首，以九月为岁末，每年按冬、春、夏、秋的顺序安排。颛顼历创立于公元前4世纪，使用时间一长，误差逐渐加大。汉武帝元封七年，大中大夫公孙卿、太史令司马迁等上书武帝，建议改革历法。这年五月，公孙卿和司马迁受命议造新历。经过一段时间，他们的新历出炉，这就是《史记·历书》所载的《历术甲子篇》。但是这部新历错误百出，根本无法使用。于是汉武帝重新组织改革班子，重新编制历法。在此过程中，盖天说和浑天说展开了激烈的争论。盖天说认为天圆地方，它对宇宙的描述为："苍天如圆盘，陆地如棋局。"浑天说认为，天是一个封闭的球壳，地处其内，天球每天绕南北天极的轴线自转一周，可以带着日月星辰穿行地下。它对宇宙的描述为："浑天如鸡子，天体如弹丸，地如鸡子中黄，孤居于内，天大而地小。"浑天说已非常接近现代天文学中浑天模型，显然比盖天说先进。浑天说的一代宗师巴郡的落下闳和另一位民间天文学家唐都合作，根据他们的理论编制的新历法"晦朔弦望，皆最密"。特别是推算出太初上元甲子夜半朔旦冬至时，"日月如合璧，五星如连珠"的罕见天象，准确无误。最终在十八家改革方案的较量中，落下闳和唐都的方案得到确认。这就是著名的《太初历》。

司马迁是这场历法改革的首创者之一，但他信奉盖天说，他参与编制的新历法又遭淘汰，他非常痛苦，而且一直没有走出这痛苦，以致他竟然没有在《史记》中把浑天说与盖天说这场科学争论记录下来，也没有把《太初历》记录下来，更没有把民间天文学家落下闳的身史、业绩、归宿记录下来，反而把自己编制的被淘汰的《历术甲子篇》附录在《史记·历书》后面。《太初历》的主要内容是靠了《汉书·律历志》收录的《三统历》才得以保存下来的。①

那么一部辉煌的历史巨著尚且犯有那样一个错误，何况一般性的著作呢？我这本小书更是称不上什么著作，本来可以用不着锱铢必较，但是既然意识到这一层，还是这么做了。

在到达玉山匆匆找到一家旅店之后，第一件要做的事不是吃饭，而是生个火盆来烤干衣服。怎么跟旅店要的火盆，有没有人打喷嚏，喝没喝姜汤，甚至姜汤里放没放糖，这些细节，章桂统统记不起了。但是有一点可以肯定，淋了一夜的雨，这么许多难民，无论老小，竟然没一个人感冒。这不能不说是个奇迹了。

16

从玉山去袁州（丰一吟先生说是樟树镇）又改坐船了。这回雇的是江西小船。章桂记忆里，船行没多久就进入了鄱阳湖。从船舱望出去，鄱阳湖茫茫的水色和灰苍苍的天空混为一体，分不清边际。只觉得船摇摇晃晃的，好像停留在原地，其实是在前进的。人封闭在小小的船舱里，白天黑夜已没有多少区别，反正吃了睡，睡了吃，任寒风在舱外呜咽，任冷雨打在舱面上叮咚作响。人好比婴儿在母腹的混沌里，把生死前途全部托付给了船夫。这让人想起了挪亚方舟，似乎也有那样的境界。七十年后的

---

① 本段内容参阅发表在2008年5月5日《浙江日报》上的《司马迁的一次失职错误》一文，作者马执斌。

今天，提起这一段经历，章桂的眼神里，说话的语气里，有了诗性的光彩。海德格尔主张人应当诗意地栖居，我就想，这个所谓诗意，不仅仅指纯粹与美丽，还应当包括一部分痛苦和忧伤吧？

生活的庸常无处不在，最最实际的莫过于吃喝拉撒。男女老少十几口，局促于这么小的一个空间里，没有一点点遮隔，不是数小时的短途旅行，而是几天几夜的长途跋涉啊！吃饭没问题，睡觉和衣也没问题，问题是方便。章桂的记忆里，沿途几乎见不到村庄，湖岸都是荒野之地，差不多全被成片成片灰白色的芦苇覆盖着，当然不会有厕所，连简易的茅坑也没有。男人小便还好办，大便就成问题；女人可是大便小便都是问题，姑娘们尤其麻烦。唯一的办法是尽量少喝水，甚至不喝水。可是排泄终究是难以避免的呀！

阿宝、软软几个女孩子要方便了，船家就将船停靠在泥岸边。船停妥了，女孩子只管朝湖岸上望，一脸的难色。是啊，那一大片芦苇会不会隐藏着危险？野兽？蛇虫？人？她们望望湖岸，又回过头望望章桂，意思是：章哥哥，你能保个驾么？

章桂当然义不容辞，他说："别怕，我护卫你们。"

章桂第一个跳到岸上，然后一个一个扶她们上岸。他又去芦苇地踏看，确定没人，没蛇，没野兽，就说一句："安全。"于是，女孩子一个一个进去。章桂就在外面警戒。完事之后，章桂又将她们一个一个扶上船，然后他自己跳上船来，对船家说："好了，走吧。"

　　章桂记忆里，小船是绕过南昌市南，往西，在袁州靠的岸。这时天色将晚，他们便在袁州找了一家旅馆住了下来，打算改坐火车去长沙，当然第一步先到萍乡。

　　第二天早上，丰子恺指派章桂去火车站打探情况。袁州的火车站也不算小站，并排的几条铁轨停着一列一列的火车，但全都是黑污的煤车，不见一列客车。打探的结果是没有客车，也不知是临时停开，还是已经取消。一连几天都是这种情况，这不免让人十分焦虑。不得已，章桂就打起了煤车的主意。后来他了解到，煤车是天天去萍乡的，每天还不止一列两列，一趟两趟。一个卸煤的工人告诉章桂，去萍乡的煤车是空车，只要你爬上去，它肯定带你到萍乡。

　　章桂老实，问："那上哪儿买票？"

　　工人说："买票？问谁买票？只要上得去，不用买票。"

　　章桂说："那要不要跟谁去说一声啊？"

　　工人说："反正没人管，你爬上去就是。直达萍乡。"

　　情况摸清，章桂不免欢欣鼓舞。他像一头小鹿，一路蹦跳着回到旅馆。到旅馆把这信息一报告，大家也欣喜万分，也不管天又下起小雨，立刻背起行李去车站。到了车站，选定一列空煤车，就扶老携幼上了车。果然没有人来干涉。

　　煤车当然不会有座位，也没有可坐的物件，就是一个长方形空空大盒子，而且没有盖，一伸手就能沾上黑污的煤屑。大家也顾不了许多，摊一张纸就地坐了。坐下没多久，只听"哐当"一声，人都向后一仰，车就启动，加速，匀速，好像不多一会工夫就到萍乡了。逃难以来，还没有一趟旅程这么便捷过。那个工人说得不错，"直达萍乡"。

从煤车上下来，本打算再打听去长沙的车，可是麻烦来了。在出口处，他们叫站上的工作人员给拦住了。问明是从袁州来的之后，工作人员便要他们补票。章桂年少气盛，就跟他们吵了起来，理由是：这又不是正经的客车，反正是空车；袁州发车时，也没人告诉我们要买票。章桂说："好好的客车你们不开，这本来就不对，何况我们搭的又是顺路煤车，没座没棚，你们瞧瞧，这一身的水湿煤污，还好意思问我们要钱？"车汉亮他们也在一边帮腔，一时吵得不可开交。

在国难当头的时候，搭一趟煤车会有如此不友善的事情发生，放在团结抗日的大背景下，似乎有点不可思议，但它就这么真实地发生了。可见人性的庸常无处不在。

双方互不相让，吵吵嚷嚷惊动了一个人。那人挤进来问是怎么回事，工作人员就说："站长，他们……"

原来那人是站长。站长三四十岁的样子，态度显然比职工冷静。他刚要说什么，丰子恺连忙上前向他解释，并且递上了自己的名片。

站长一见名片，眼睛顿时一亮，说："久仰久仰！原来是丰先生，失敬得很。"

矛盾就此化解，站长客气地请这帮难民到站长室去休息。

在站长室奉过茶后，站长问："丰先生打算去哪里？"

丰子恺说："先去长沙，再去武汉。"

站长沉吟了一下，用商量的口气说："我劝先生暂时不要走了。萍乡虽比不上你们江南，但还算太平，适合避居。先生在此地不是有个学生叫萧而化的吗？"

连有个学生叫萧而化也知道，足见这位站长对丰子恺的仰慕程度了。丰子恺为站长的热情所感动，就决定暂时在萍乡住下来。当时，一个地方的火车站站长是很有身份很有地位的。站长先给旅馆打电话，说有十几个人要住宿，让他们腾出两个大房间，后又接通了萧而化的电话，告诉他丰子恺一家到萍乡了，现住某某旅馆。

吵架吵出这么一个结果，是丰子恺一行怎么也想不到的。这就是名人效应了。当时还没有名人效应这种说法，但是这样的实际效果，无论对于丰子恺，还是对于其他人，在心理上肯定产生了微妙的变化。在章桂，是更加崇敬他的慈伯了。

第二天早上，萧而化来旅馆看望老师。这萧而化是丰子恺立达学园时的学生，看去约有三十岁，戴一副浅边的近视镜，温文尔雅，也很真诚。他没有什么客套话，一来就直奔主题，热情地邀请丰老师一家到他乡下的老家居住。他的老家离城数十里，名叫暇鸭塘。暇鸭塘，一个多有诗意的名字！

暇鸭塘名实相符，真是个不错的村子。萧家在村里是望族，有一个气派的祠堂，就是萧氏祠堂。祠堂有好几间空房，打扫出来后，正可以供丰氏逃难团十几口人居住。

在暇鸭塘的那些日子，也算得上平静了，留给章桂较深印象的是做饭。在石门湾老家时，做饭烧菜用的是柴灶。柴灶烧柴，柴分软、硬两类。软柴基本是稻草，挽成蓬松的结，容易发火，也有一定焖力。麦收时节也烧麦秸，哔哔剥剥像放鞭炮。此外，豆萁、麻梗、桑条都比稻草、麦秸硬，火力也要旺得多，但还是归在软柴里。硬柴基本是树柴，桑树、乌桕树、楝树，还有各种杂树。硬柴一般要在烧大菜时才用，比如烧猪肉、羊肉、狗肉。暇鸭塘几乎没有柴灶，不是煤都么，煤便宜，家家都烧煤，用煤灶、煤炉子。石门湾是很少见到煤的，煤灶、煤炉就从来没见过。现在要入乡随俗，只有向当地人学习。这许多人里还真是只有章桂学会了，于是每天发煤灶的活儿就由章桂来干。

一次，章桂要去城里办事，车汉亮就说："今天我来发煤灶，不信我就发它不着。"车汉亮也是好心，他想分担一点家务活。他用铁锤把煤块砸碎，铺在引火柴上，点燃引火柴后就拼命用扇子扇。可是扇了半天不见火苗子蹿上来，倒弄得满屋满院子都是烟，他自己也被呛得连连咳嗽，满脸的眼泪鼻涕。婶妈见了就笑着说："你们别瞎忙了，还是老老实实让章桂来发吧。否则，吃不成饭了。"从此，每当章桂去城里办事，买菜啊，去邮局取书报啊，总是先把煤灶发着再走。就这个，章桂直到现在说起来还很是得意。

这年的春节（公历已经转年，即1938年的1月31日），是在暇鸭塘过的。这是逃难以来过的第一个春节。在远离家乡千里之外的异乡客地过春节，章桂觉得非常新奇，也有些许牵挂的落寞和惆怅。

【同期声】

　　二月九日天阴，居萍乡暇鸭塘萧祠已经二十多天了，这里四面是田，田外是山，人迹少到，静寂如太古。

——丰子恺：《还我缘缘堂》

逃难第四站·武汉

琐尾岂不伤，三界同漂泊。

——马一浮避寇述怀诗

17

在暇鸭塘住了一个多月，一天，长沙开明书店的刘甫琴经理来信相邀，丰子恺决定再度西行。这回仍然坐船，先到醴陵，再到湘潭。本想把家安在湘潭的，但是根本就找不到房子，所以只好一同去长沙。长沙的住房也相当紧张，全靠萧而化的帮助，总算在南门外的天鹅塘旭鸣里租屋住了下来。

安顿好家眷，丰子恺又不想留在长沙了，他想去武汉，因为当时许多文化界的朋友都在那里。恰好汉口开明书店经理章锡洲来信相邀，于是他就带了陈宝和林先以及章桂、周丙潮去武汉。带上陈宝、林先，是让她们在汉口上学；带上章桂和周丙潮，则是设法替他俩在那里找一份工作。

武汉时期的丰子恺

就在这时，车汉亮决定离开长沙回家。临走，他私下里对章桂说："小章，你要当心，这个人只可以同患难，不可以同享福的。"

车说的"这个人"，章桂当然明白指的是谁。事实上，这一路过来，不知什么原因，车汉亮和他之间逐渐产生了隔阂，加上满伯言里语里多流露出嫌他们父子三人饭量大的意思，车再也无法忍受，就带了两个儿子回桐庐了。

对于这个细节我本想略去不提，可是踌躇再三，觉得人性复杂那是自然之理，比如树木，节疤和纹理是天然的，硬是刨去，反不真实。人与人各有个性，在一起，难免会磕磕碰碰，这也极其正常，何况车汉亮本身也有性格缺陷，这件事只是他个人的感受，说明不了什么问题。丰子恺的人格魅力在那里摆着，这一细节对他丝毫无损，反而让人感受到人情的真实。张岱说："人无癖不可与交，以其无深情也；人无疵不可与交，以其无真气也。"可谓"伤心悟道"，说的就是这个道理。虽说历来主张为尊者讳，我认为实在没有必要，所以还是如实记了下来。

【同期声】

车汉亮对章桂哥说的话，使我吃惊。抗战时期，只有患难，哪有"享福"可言。我看到父亲的缺点是"任性"，"人无完人"，我对媒体也不讳言父亲此缺点。但章桂哥显然没相信车先生的话，否则他就不会再跟我们一起逃难了，可他还是照旧亲近我父亲。

——丰一吟批注

到达武汉已是1938年的3月底边，由丰子恺介绍，周丙潮去了汉口开明书店武昌支店工作，章桂则进了汉口开明书店。章桂在书店的主要工作是负责打包和发行《活页文选》。其时，上海的开明总店也暂时设在汉口分店内。

当时，武汉民众的抗日热情高涨，国共合作，民族团结，呈现出全民抗战的新气象。丰子恺一到武汉，立刻青春焕发，融入到文化界新老朋友中去。他加入了文艺界抗战协会，又应范寿康先生的邀请，参加了总政治部第三厅第七处的工作，作了许多抗日的漫画。那本《日本帝国主义侵华史》也重新画好，交政治部第三厅第七处制版付印，实现了他在杭州拱宸桥那夜发下的愿心。为了行动方便，他脱下长衫，改穿中山装，有时还戴上军帽，到武昌珞珈山总政治部三厅七处办公。

这样，虽同在一地，章桂与丰子恺亲近的机会却少了。为此，他常常想念慈伯，一有机会就想去见他。他在汉口开明书店尽心尽职地工作，工作业绩得到书店的赞许。在书店工作，当然主要是为了糊口，但工作本身也是为抗战添砖加瓦。经理章锡洲也在第三厅担任一点工作，所以时常会有一些具体任务要店员去完成。比如有一次，章经理就要章桂他们一起去参加收回日租界的活动，把租界里的日本书刊销毁，把其他一些书籍没收运走。

当时在汉口有一支苏联空军，名叫飞虎队。飞虎队与日军对垒，保卫着大武汉。但是，后来战况发生了逆转，不久九江失守，武汉开始疏散人口了。于是丰子恺带了两个女儿回到长沙。6月23日，他应桂林师范校长唐现之的邀请，携眷离开长沙去了广西桂林。

汉口开明书店当然也要疏散，章桂就同店员们一起，忙着把店里所有的存书清理、打包、转运出去。完成之后，经理章锡洲开始分派店员的去向。章桂被指派去重庆，但是他不愿去重庆。他想念丰子恺，一心要去桂林追随丰子恺。他对章经理说："丰先生在桂林，让我去桂林吧。"但是经理章锡洲非常固执，就是认定要章桂去重庆,他说:"不服从调遣,你就随便吧。"这话的潜台词非常清楚,但章桂没有丝毫的犹豫,他选择了离开。

章桂实在是牵记慈伯和婶妈,在汉口待了五个月后,他决定立刻动身去桂林。可是没有盘缠怎么办?好在他在汉口工作的这几个月里,在书业出版界也认识了一些人,于是他去找亚光舆地学社的金振宇商借路费。亚光舆地学社是一家专门出版地图册的出版社,经理金振宇为人非常豪爽,他就赊给章桂白羊皮箱子一箱子的地图册,又借给他两三百元钱。一皮箱地图册到桂林卖掉后,估计可以赚回这趟的路费。

从武汉去桂林,第一站要坐船到长沙。可是这时候去长沙的船票已相当紧张,章桂一连几天去江海关码头都买不到船票。后来被他打听到一个捷径:可以直接找船上的茶房,付略高于船票的价位,就能在统舱占上一个座位。买这样的黄牛票也有麻烦,因为船上中途有几次查票。一旦查票,买黄牛票的乘客就要躲进茶房的房间,等检查过后才好回到舱里。所以每逢查票,茶房的房间里就挤满了人,好像装在罐头里的沙丁鱼一样,连气也透不过来。

到长沙可以上火车了,但也不能直达,得在衡阳转车。章桂记得,他到衡阳时间尚早,却已经没有去桂林的车子了,只好找到新知书店借宿一夜。第二天在衡阳上车时,他发现新知书店有一帮人也去桂林,于是结伴同行。正是炎炎八月,溽暑难熬,章桂贪凉,就坐到车窗上吹风。因昨晚没有睡好,近午时睡意袭来，竟然坐在车窗上也打起盹来。朦胧中，他身子摇了摇，幸亏新知书店的一个人及时发觉，一把将他拉住，否则极有可能会从车上掉下去。梦早已被吓醒，想想实在后怕，就赶紧从车窗上撤身下来了。

逃难第五站·桂林

人灵眩都野，壹趣唯沟壑。

——马一浮避寇述怀诗

18

　　"桂林山水甲天下"，应该不是夸耀。桂林的山，只能用一个"奇"字来形容。我以为，指称桂林的山，量词最好不用"座"而用"个"，因为桂林的山，一座就是一块巨大的石头。桂林的每个山，都像放大的盆景，形状千奇百怪得叫人惊叹。桂林的水不好多说，就一个"清"字可以当得。当然，这个"清"字就像中国画墨有七色一样，内容十分丰富，是清澈，清冽，清冷，也是清芬，清华，清新；是清明，清和，清尘，也是清白，清扬，清心。但是，战时逃难之人，真没有那一份好心情来享受甲天下的美景，好山好水不免减了它的颜色。

　　桂林的山水蒙上了颓唐的寒色，街市也相当的萧条。街上走着穿灰布制服的公务员，更是让人觉得丧气。

章桂原本可以去桂林开明书店的，但是先期逃来的周丙潮一家三口生活无着，恰在此时，同乡杨子才即杨乔由江西流亡来到桂林，也没有工作。丰子恺觉得这三家的就业应予以通盘考虑。

杨子才1937年暑期于嘉兴中学初中毕业后，考取了杭州高级中学商科。为什么要考商科呢？因为杭高的商科在当时非常有名，一般都是尚未毕业，一些银行就来找员，因此读杭高商科，毕业后就业有绝对保障。但是不幸的是，轮到杨子才读杭高，尚未入学，"八一三"日军进攻上海了。不久，杭州火车站也遭日军轰炸，杭州百姓纷纷逃难。在这样的形势下，杭高被迫搬迁到金华。杨子才与同是石门人的高班同学吴家华一同到杭州，报到后乘火车随校来到金华。开学不久，学校又从金华城里搬到乡下大严祠小严祠。在大小严祠也只勉强过了一个学期，学校再度搬迁至丽水。因为吴家华正好这学期毕业，他考上了西南联合大学，准备去昆明。杨子才不愿意随学校去丽水，便与吴家华同行，打算去大后方寻求就学的机会。不期到江西南昌时，正好江西国民党青年服务队找员，杨子才就改变主意不去昆明，考进了青年服务队。

青年服务队是国民党的一个抗日宣传工作队，一共有十个分队。在南昌受训后，杨子才被分配到第八队。第八队开赴萍乡后，又分出一个小分队去万载县，杨子才即为小分队队员。他们以出壁报、歌咏、晨呼等形式宣传抗日，旨在唤醒民众，共同

崇德书店开业留念

抗日。

杨子才在青年服务队待了七个月。这时候，他得知丰子恺先生已经到了桂林，便贸然写信给丰，表示自己想去追随的意思。后得丰华瞻一信，答应并邀请他去桂林。这样，杨子才就离开青年服务队，先坐火车到衡阳，再坐长途汽车来到了桂林。

当时从沦陷区逃难到大后方的人实在是太多太多，所以一时很难找到工作。丰子恺就像一棵大树，接纳了天外飞来的各路孤鸟。章桂记得，那时候，在马皇背的丰家，每当开饭，两张饭桌边坐满了人。这样长期下去当然不是办法，于是丰子恺就找章桂商量，要他暂时不要去开明书店，挑头和周丙潮、杨子才三人自己办个书店，解决生存问题。因为章桂书店方面认识的人多，关系也多，进书什么的也比较容易。章桂说，慈伯出嘴了，他绝对是听。这样，他们在桂西路租定一楼一底的房子，楼下开店面，

1938年，章桂（右）和杨子才合影

楼上做宿舍。因桂西路原名崇德路，店员们恰好都是崇德县人，所以就将书店起名为崇德书店。书店的开办资金是这样解决的：丰子恺垫付两百元，赊欠开明书店书款五百元。崇德书店9月1日正式开张营业，恰好赶上各类学校开学，机关内迁，所以业务很好，收入足以维持三家五口人的生活。没过多久，就把包括丰子恺垫付款在内的所有欠款全部还清了。

这时候，丰子恺已去桂林师范教书。桂师校址在两江圩，两江圩距离桂林大约有七十华里。丰子恺没有住在桂师教员宿舍，而是在距两江圩五里一个名叫泮塘岭的小村子租了一间房。婶妈因为怀孕即将临盆，不便住到乡下，所以她由长女陈宝和幼女一吟相伴，仍滞留在桂林马皇背。

十月的一天，章桂得到消息，已被送进广西省立医院待产的姆妈患了子痫病，而且情况十分危急。他立刻放下手里的工作，赶往医院去探望。

广西省立医院，位于桂东路北侧、桂中路东侧的皇城内。桂林城里怎么会有皇城呢？这的确是个皇城。修造这皇城的是南明的永历皇帝朱由榔。朱由榔是明神宗的孙子，崇祯时被封为永明王，南明隆武时袭封桂王。清军攻破福州后，他由丁魁楚、瞿式耜等拥立于肇庆，建元永历，后来逃到桂林，因此桂林城里便有了这座皇城。虽是落难皇帝，但是虎倒威不倒，皇城的修筑规格一如北京的紫禁城，也有正阳门等城门，还把一座独秀峰也围在了城内。抗战时，广西省政府迁到桂林，省府办公楼就设在皇城内，一些大的机构也随之迁入，其中包括省立医院。

章桂赶到医院病房时，满伯和丙潮以及陆联棠等丰子恺的好友都在。主治医生郑医师请大家到外面商量施行手术的问题。

郑医师说："最好马上动手术，否则有生命危险。不过，动手术须得亲属签字。"

满伯觉得此事责任重大，自己不便作主，便决定请周丙潮去两江圩叫弟弟丰子恺来决定。

丙潮走后，郑医师又进病房检查了一次，说："看情况恐怕不能等了，再拖延时间，我怕会随时发生危险。"

这时章桂忍不住了，说："郑医师，那就请你赶快动手术吧。最好是大小都保，实在不行，宁可保大。"

郑医师说："那好。谁来签字？"

大家你看我，我看你，谁也不开口。章桂又忍不住了，说："我来签吧。我签。"

郑医师说："你是病人的什么人？"

章桂说："表侄。可以么？"

郑医师想了想说："可以。"

郑医师要去准备手术，却叫满伯拦住了。她埋怨章桂说："你也忒大胆了，万一……还是等你慈伯来决定的好。"

章桂说："人命关天，不能再耽搁了，还是赶快手术的好。"

郑医师说："章先生说得对，真的耽搁不起了。"

等丙潮陪了丰子恺风尘仆仆赶到医院时，手术早已完毕，婶妈顺利产下一个男婴，这就是以后被叫作丰新枚的丰子恺的幼子。因为"舌甜"，大家叫他"恩勾"（模仿婴儿发出的声音），"恩勾"成了新枚的乳名。

见母子平安，丰子恺自然非常高兴。他连连称赞章桂做得对，同时感谢医术高明的郑医师。婶妈也十分感谢章桂，称赞他虽然年轻，但有决断。其实章桂心里清楚，他是担了肩胛的。但是不管怎么样，有一点他认为错不了：只要大人保住，慈伯如果还怪罪他，他也任凭他怪罪，心里不会感到一丝愧疚的。

【同期声】

　　章桂哥在以前的文章中也说过我弟弟出生"保大保小"由他签字。对于这件事我是存疑的。尽管那时我还小，但父亲《教师日记》1938年10月24日（《丰子恺文集》第七卷第12页首）明明写着："十时四十分下课后返寓，途遇章桂。持医生信催我即刻赴桂。因吾妻力民在桂林医院患子病症，要我去决定办法。"同页略下："他决定四点钟动手术……保大抑保小？……当然保大……医生即出证书要我签字盖章。"日记是当天所写，不会记错。即使如章桂哥所写，就算我大姐离"18岁"还有一个多月不能签字，章桂哥说当时我姑妈在场，为什么不叫我姑妈签字，却叫"表侄"签字。如今章桂哥年已九旬，记忆难免错误。或许他把另一件类似的事缠到这件事上去了。又，我觉得我姑母满娘没去过医院。那可能又是章桂哥记错。

——丰一吟批注

19

　　1938年的桂林，和昆明等地一样，老百姓的一个日常功课是"跑警报"。"跑警报"现在已经成了一个专有名词了。这里说的"警报"，是指空袭警报，"空袭"是指日本飞机飞来投弹，残杀无辜百姓。"跑"是指在空袭到来前，跑到附近的安全地带躲避。据说日机对桂林的空袭，在抗战刚开始近一年的时间里，才不过三五次，而且没有投弹。可是1938年6月以后，空袭频繁起来，而且投弹。6月15日在城外飞机场的一次空袭，就炸死了七人，炸伤了好多人。打那以后，桂林的防空严格起来，每天上午六时到下午五时半，路上行人不准穿白色或红色的衣服；谁要是违反了，警察就用墨水笔在那人的背上画个大圆圈，甚至画个乌龟，以示警告。

桂林多的是大大小小的石头山洞，那是"跑警报"最最理想的地方。最大的一个山洞在七星岩，大到什么程度呢？一个省立图书馆索性搬到了那里。桂林当局对"跑警报"有周密的安排，他们根据各山洞的容量，再按街道居民人口的多少，路程的远近，指定某街某巷到某某山洞，还画了地形示意图到处张贴。崇德书店所在的桂西路附近是桂林中学，桂林中学依傍着桂林城的一段老城墙，城墙外就是石山，山上有许多山洞。每当空袭警报响起，章桂他们就往"桂中"跑，穿过校舍，翻过老城墙，就能很快躲进山洞。

空袭桂林的日本飞机，据说是从北部湾海上飞来的。1938年12月28日这天，日机又来空袭，章桂他们照例穿过"桂中"校舍，翻过老城墙，钻进了山洞。那次章桂刚刚在山洞蹲下，就见两架飞机在眼前不远处不停地盘旋。几个圈子以后，机身高高低低地削下来，开始投弹，一边投弹，一边格格格地机枪扫射。顿时，这里那里冒起一股股的浓烟。

日机飞走之后，四周是死一般的沉寂。人们在等待解除警报。几分钟后，解除警报响起，人们才陆续从山洞里撤出来，匆匆忙忙往回赶。

章桂回到桂西路，见书店依然完好，但是总感觉有些异样。为保险起见，他就和杨子才、周丙潮一起，把衣物、书籍从屋里搬出来，先堆放在马路上，然后再设法转移到其他地方。正暗自庆幸，只听"轰"的一声，房子突然燃烧起来。原来日机在此投的是烧夷弹，当场不烧，过一会就自燃了。

房屋烧着了，火势迅猛，马路上也全是火了。一会儿工夫，半条桂西路成了一片火海！

广西城镇的房屋都是靠街楼，崇德书店的店房也是如此。因为店房不很宽敞，章桂一个人住在楼上的廊檐下，他本来想可以隔窗把衣物抛出去，但是火势范围大，根本无法把东西扔到火海以外。人是逃出来了，可是书籍衣物全部烧毁，章桂连眉毛都烧掉了。后来很长一段时间，见到章桂的人都好生奇怪，问："你怎么把眉毛剃掉了？"

书店的全部财产化成了灰烬，其中包括从世界书局、三联书店赊来的书。这两家书店同样遭到轰炸，所有的书也都葬身火海，所以赊欠的书款也就不提赔偿二字了。

崇德书店从这年的9月1日开办，只营业了短短三个月，就被侵略者的炸弹终止了。书店不存在了，可人还得吃饭啊。就在这时，桂林开明书店的经理陆联棠跑来找到章桂说："现在你们书店也完了，你就回开明吧。"

　　鉴于形势，桂林开明书店准备将图书转移出去。缺少人手，陆联棠想到办事勤快负责的章桂。就这样，章桂进了桂林开明书店。后来，杨子才和周丙潮也在丰子恺的帮助下，各自找到了工作。

　　章桂一到开明，就忙开了。他和陆联棠的弟弟陆剑秋一起，将仓库里的图书打包，用一条小船转运到鹿寨、宜山、河池和柳州等地。差不多1939年1月到2月这段时间，他们都在桂江的支流上漂流。1939年2月18日是这年的农历除夕，章桂和陆剑秋也在那条运书的小船上过，没有酒，没有肉，没有年夜饭，有的只是飕飕的寒风和粉尘一样的星光。船上堆满了大大小小的书包，他们只能靠在书包上，连身子也放不平。就这么干坐着，在船桨的欸乃声中，睡着了。

逃难第六站 · 柳州

鱼烂旋致亡，虎视犹相搏。

——马一浮避寇述怀诗

20

大约是1939年2月下旬吧，在最后一趟运送图书到柳州时，柳州开明书店的经理曾宗岱将章桂留下了。也是从那时起，约有两年的时间，章桂离开丰子恺一家，一个人生活在柳州。这是自逃难以来，他们分离最长的一次。他们之间唯一的联系方式是信，可就是信也非常稀少，因为，一是为了生计，各自都忙；二是战事吃紧动荡，脚根如蓬，行踪不定。尤其是丰子恺，他离开桂林师范后，受聘浙大教职去了宜山，后来为避寇，又随校迁居都匀、遵义。"共来百越文身地，犹自音书滞一乡。"虽然分离两地，丰子恺一家对章桂的关注不得而知，但章桂是无时无刻不在惦记慈伯和婶妈的。

柳州应该是个美丽的城市，但现在只是徒有其表，由于战乱，她的灵秀被阉割了。仍然碧绿的柳江，自东而西将柳州城一剖为二，连接南北两半的是一座木制的吊桥。柳州公园里有唐代著名文学家柳宗元的墓，公园里虽然花木扶疏，但枝叶间早已缠绕着荒凉的惨雾。

柳州开明书店在庆云街的一个楼上。书店只设办事处，没有门市部，楼下是仓库，堆放着大部分从桂林运来的图书。因为没有门市部，所以实在没有多少事情要做，清闲的生活让章桂有些不知所措。现在想起来，这段时间印象最深的，是他与经理曾宗岱常常坐在木楼梯上吃花生。柳州盛产花生。柳州的花生个大饱满，油分足，花生铺炒花生的功夫又到家，所以吃起来特别的脆，特别的香。章桂和曾宗岱都喜欢吃花生。不是没事干嘛，买几包花生，坐在楼梯上剥花生吃，直吃得一架木梯溢满了炒花生的香味。

开明总店有个股东名叫庄子良，他原是广州开明分店的经理，抗战爆发后，带了妻儿从广州逃难到柳州来，为了生计，也在庆云街开了一家带卖文具的书店，名叫建设书店。因为同是开明人，一来二去就认识了。章桂在柳州开明不是无事可干嘛，庄子良就邀请他来建设书店帮忙。建设书店里有一位老先生也在帮忙，他叫周润波。周润波是广东番禺人，他早年在广州胡汉民办的民主书店当店员。那时王子澄也在那里供职。后来王子澄去上海创办光明书局，就聘周润波为光明书局广州分局的经理。在广州时，庄子良与周润波就是老朋友，后来周润波一家逃难到柳州，庄子良就让老朋友到自己店里来帮忙了。章桂到建设书店后，很快和周润波一家熟悉了。周润波当时四十来岁，人非常之随和。与周家熟悉之后，有时候开明伙食（他编制仍在开明）不好，他就去周家蹭饭。周润波有个女儿叫凤珍，其时才十岁，章桂都二十二岁了，他就把凤珍当小妹妹看，他很喜欢这个小妹妹。凤珍也很喜欢章哥哥。令章桂怎么也想不到的是，六年后，凤珍竟成了他的妻子，而且一辈子跟着他忍辱负重，担惊受怕，不离不弃。这当然是后话了。

有一句老话，叫"天有不测风云，人有旦夕祸福"。章桂去建设书店帮忙不久，庄子良忽然得了暴病，不治身亡了。这样，建设书店被迫歇业。庄子良上有老母，下有幼子，妻子汪清一个本分的女流，眼见一家三口生活无着，不知道怎么办好了。

章桂是个极富同情心讲义气重感情的人，他就拿出自己的全部积蓄两千元钱，也请一些朋友凑分子，一共筹集两万元资金为汪清办了个国风书店，并请忘年交上海杂志公司柳州分公司经理郑文耀来兼任经理。因为章桂的热心肠感动了朋友们，所以大家都乐意来国风书店帮忙，养活庄子良的遗属。当时湘桂铁路正在修筑，修建队笔墨纸张等文具用品的需求量是很大的，章桂通过关系，争取到修建队一应文具用品全部由国风书店供应的机会。国风书店营业不错，它就这么维持着汪清一家的生活，直到柳州为日军占领。

郑文耀要回老家余姚探亲了，他便向上海杂志公司总经理张静庐推荐，让章桂代理柳州分公司的经理职务。代职期间，章桂尽心尽力地工作，业绩显著，曾得到总经理的信函表扬并加薪。章桂在杂志公司只是兼职，他仍是柳州开明书店的基本职工。

庄子良的妻子汪清是个非常内向的女人，但她对章桂的深深感激一直铭记在心。十九年后，当章桂以带罪之身被迫离开重庆回老家，去汪清家向她告别时，这位善良懦弱的女性却自责一点忙都帮不上，只是面对恩人泪流满面，频频摇头。

21

在柳州生活的一年里，同在桂林一样，日常的功课免不了一宗也是"跑警报"。庆云街一带的老百姓"跑警报"，一般都是穿过附近的柳州公园，爬到公园后面的山上，躲进山洞里。日子久了，人们发现，柳州公园本身就比较安全；日机空袭一般只在柳州城区上空盘旋投弹，很少来公园上空的。有好几次，人们图省力，就躲在公园的假山里或者树林里。这样，解除警报后回去，可以往返少跑好多路，也节省一些时间。章桂有时也是这样的。但自从有一天发生一件惨事后，他就再也不敢怠惰了。

这一天警报又拉响了，像往常一样，章桂随一帮人跑到公园。和章桂跑在一起的一个人说："今天肯定没事，在公园里躲一下算了。"

章桂那天不知为什么很坚持，说："还是上山吧。"

那人说："不上了，一会就没事了。"

章桂见劝不转那人，就自己上山了。他刚刚钻进山洞，就见日机飞到了公园上空，呜呜地盘旋几圈后，屁股一歪就开始下"蛋"。时公园里升起了火光和浓烟，章桂不由拍着腿着起急来。一俟日机离开，他飞一般奔向公园。到那人躲藏的地方一看，人就呆掉了：那人已经变成了一堆肉酱！

在柳州"跑警报"跟在桂林"跑警报"有一点非常不同，就是在柳州，会有汉奸专在人们躲藏的地方发信号弹，为日机提供投弹目标。这些人据说不是职业汉奸，而是一些穷困潦倒、走投无路的亡命之徒。他们为日方收买，发一颗信号弹可以领取一定数额的赏金。

章桂想不通，怎么竟会有这样的种群？可是偏偏就有。老百姓对这种人可说是恨之入骨，一旦发现，不等警察来抓捕，就群起扑打，并且将之扭送警察局。所以柳州城北，隔三差五就有被捉住的汉奸枪毙在那里。尽管如此，还是有败类不顾性命铤而走险。章桂就想，难道一个穷字，真比一座山还重么？

唐宪宗元和十年（815年），柳宗元在被贬永州十年之后再度贬谪柳州，他说柳州"郡城南下接通津，异服殊音不可亲。青箬裹盐归洞客，绿荷包饭趁墟人。鹅毛御腊缝山罽，鸡骨占年拜水神"，是个人异俗乖，风土浅陋，不可亲近的地方。可是他身不由己啊，有什么办法呢？所以"愁向公庭问重译，欲投章甫作文身"。只得沉下心来随遇而安，做个文身之氓了。现时的柳州，比起柳宗元时代虽然已有一千一百多年的进化，但是对于为战乱所抛置在此地的章桂，其颓唐惆怅的人生况味，和柳宗元是一样的。

逃难第七站·桂林

野旷知霜寒，林幽见日薄。

——马一浮避寇述怀诗

22

章桂在柳州足足待了一年。1939年年底或1940年年初，他回到了桂林。

回到桂林后，章桂并没有去桂林开明书店，而是进了同在桂西路的东方图书公司。东方图书公司的经理是上海杂志公司总经理张静庐的侄子张鸿钧，张鸿钧的姐夫王瑞生则是董事长。他们都是宁波人，会计也是宁波人。这是一家家族性质的宁波帮书店。这时周润波一家也已经来桂林了，周润波也在这家公司当店员。

这家公司的董事长和经理不够仗义，进公司时明明说好，每个公司员工到年终都参与分红，看看到年底了，一部分红利要分出去，他们就心痛了。一天深夜，公司几个头头在经理室秘密商量，用什么办法才能既不让员工参与分红，又有一个堂皇的理由。章桂就睡在经理室边上的房间，头头们以为他已经睡着了，就大意没有关门，其实他听到经理室切切促促的说话声就醒了。第二天，章桂当着全体员工的面拆穿了头头们的鬼把戏，并表示在这样的公司工作寒心，就此离开了东方公司。

周润波毕竟阅历丰富，他没有离开东方公司，当然一方面是因为他拖家带口，自有难处，但他因此非常赏识章桂。离开"东方"后，章桂一时找不到工作，也没有了居住的地方，周润波就邀请他住到自己家里。

周润波的家在漓江江心的一个小岛上。这岛有个诗意的名字——紫洲。紫洲真是个美丽的小岛，岛上花木葱茏，翠鸟唧啾，环岛是漓江的碧波，江岸上远远近近奇异的山峰仿佛就是这岛的屏风。岛上住有几十户人家，其中一部分是逃难来的外来户。外来户住的都是自己搭建的简易房，用的建筑材料主要是毛竹。毛竹在桂林是极便宜极便宜的，建这种简易房，柱、梁不用说是整根的竹子，墙是竹篾编的篱子抹上泥灰，就连瓦也是竹子，把毛竹一剖为二，一正一反排紧在斜顶上就成了。

章桂住在周家，和周家人相处得非常融洽，特别是凤珍，整天跟着他。后来凤珍说，就是那一段日子，她对章桂萌生了真正意义上的爱意。

章桂在周家住了一段日子后，世界书局准备在桂林创办分局。世界书局也是个规模很大的书局，当时负责华南区的经理名叫姚钜堂。华南区经理掌管广州、香港、广西等地的业务，职权范围很大。这姚经理对章桂的为人早就了解，这时知道他赋闲寄迹在周润波家，便亲自来紫洲，请他去即将开办的世界书局桂林分局任经理，讲明月薪一百二十元法币。一百二十元法币在当时是个不小的数目了，章桂说，那是相当于一百盒复写纸的价值啊，何况是在章桂待业亟盼工作的时候。这就可以见出，姚钜堂是何等的诚心，何等地看重他章桂！这令章桂十分感动。

当时书店行业的通例，一般人除了在大书店打一份工外，自己也兼做一点图书生意。但为报答姚经理的知遇之恩，章桂自己不另做生意，他一心扑在分店的业务上，尽心尽职，所以从姚钜堂经理到一般员工都很信任章桂。大家都看到，他没一点点私心，所以凡是需要自己定价的文具商品，最后都由他来确定。大家说："小章公正，让小章来开价。"

不管什么年代，人类生活的绝大部分时段都在谋求生存，当然同时也追求诗意地栖居。诗意栖居包括精神生活的方方面面，娱乐活动只是一种最基本的方式。章桂在世界书局，工作和生活都很愉快。这时的章桂已有了许多文化出版界的朋友，生活安定，就有了一些娱乐活动。在战时的大后方，所谓娱乐活动，就是有时晚上出去看看戏。桂戏他听不懂，咿哩哇啦，不知在唱些什么，他只是偶尔去猎一下奇，大多时候去看京戏。章桂的记忆里，当时桂林好像有两家戏院子，一家在中北路，一家在中南路。章桂已记不起那两家戏院子的名字，反正是两家挺不错的戏院子。他看戏，总是和朋友们一起去的，他记得凡去看戏，总要买二三十张票，差不多坐够两排。有时也邀请周润波一家，周凤珍每逢被邀总是特别兴高采烈。章桂记得那时在桂林有名的京剧演员，他比较喜欢的是花旦小毛剑佩和青衣李雅琴。

<h1 style="text-align:center">23</h1>

广西省政府在桂林有个文化供应社。所谓文化供应社，其实是一个国办的图书出版公司。文化供应社把一批进步文化人如聂绀弩、赵晓恩等网罗进去，出版了好多书，也办有一本杂志，叫《野草》。主持供应社的是一个名叫陈此生的人。章桂不知此人的背景，只知他在广西似乎很有权力。文化供应社为扩大业务，拟去重庆设一个办事处，主要搞发行。陈此生不知怎么了解到章桂的办事能力很强，所以想请他协助他们供应社的韩挺英一同去重庆，但他跟章桂不熟，于是由赵晓恩出面，请章桂在桂西路美和餐馆吃饭，动员他襄助此事。

赵晓恩在文化供应社是负责发行的，他与三联书店有关系，倾向共产党，与宋云彬、傅彬然等都有交往。章桂和他业务上有联系，私交也不错，可以算是要好的朋友，对他很信任，因此赵晓恩一说此事，他二话没说就答应了。

章桂要协助去重庆设办事处的韩挺英是个泰国归侨。他是专程为了抗日才回国的，爱国热情无比高涨。他很年轻，比章桂还小两岁，才二十二岁。韩挺英那时已经结婚，他的太太章桂只知道姓林。林女士在20世纪80年代初打听到章桂的下落，曾从北京写信给他，但那时章桂的政治处境尚未根本改变，不想给她添麻烦，因而没有回信。就因为这次他协助韩去重庆，以后两家关系一直很好。韩挺英有个女儿叫韩琳，活泼可爱，因接触多了，她父母就让韩琳认章桂为干爹。章桂说，他这一生就这么一个干女儿，但现在也已失去了联系。

1941年5月的一天，天气晴好，一辆满载图书的汽车从桂林出发去重庆。书包上坐着两个说说笑笑的年轻人，他们就是章桂和韩挺英。

从桂林去重庆要穿过三个省，即广西、贵州和四川，沿途有许多个检查站，为顺利通过，陈此生事先为他们准备了一封给当时的国军副总参谋长白崇禧的信。每过一处关卡，只要将写有"白崇禧副总长亲启"的信一递，就立马放行了。

从桂林出发，第一天在贵阳过夜。第二天，按正常行程应该在息烽过夜，但章桂因为有两年时间没见到丰子恺一家了，非常非常想念，所以他在出发前就谋划好，要利用这次差使去一趟丰家。这其实也是他答应此行的另一个原因。就在汽车快到息烽天色也将向晚时，他跟司机商量，鼓励他加把劲争取到遵义过夜。因此，车到遵义早已是万家灯火了。

在遵义开好旅馆，章桂也顾不上吃晚饭，就一路打听去狮子桥畔南坛巷的路径。一路上他非常兴奋，心就像一张鼓满春风的归帆。

南坛巷一点也不难找。章桂从未来过遵义，又是在晚上，他却能一步不错顺顺利利地来到这条日夜思念的巷子。巷子口第一家就是丰家。那是一户熊姓人家的新建楼房，两楼两底，丰家租住在楼上，可以说是丰子恺逃难以来住过的最为轩敞舒适的房子了。站在楼窗口向前望，可以望见滚滚流过的湘江；在夜里，还可望见旷远的星空。因袭文人喜欢为自己居住的屋子命名的习惯，丰子恺呼它为"星汉楼"。

章桂站在星汉楼下了。真所谓近乡情更怯，他举起了手，却迟迟不敢去叩门。

笃，笃，笃，门终于被轻轻叩响。不一会，呀的一声门开了，门里站着的是阿宝。一瞬间的疑惑立刻转换成惊喜，阿宝回头对楼上兴奋地喊道："章哥哥来了！"

一家人都还未睡，见章桂突然到来，也都又惊又喜。丰子恺尤其高兴，他立刻要婶妈做几个菜，开了一瓶酒，两人就在灯下饮酒叙谈。这情景，正合了往日缘缘堂墙上丰子恺手书的一副联语："草草杯盘供笑语，昏昏灯火话平生。"章桂诉说了这两年里，自己为谋生辗转桂林、柳州所遭遇的种种曲折。丰子恺也略述了他在浙大教书的情况，还特别提到了马一浮先生。他说，1937年11月间在桐庐负暄，聆听马先生教诲，那是他逃难以来最为美好的赏心乐事。1938年10月，在桂林与马先生重逢，又留下了一段相游栖霞洞的温馨记忆。后来，就是为了追随马先生，他才赶赴宜山受聘浙大教席，以为可以续修桐庐旧缘，讵料到宜山时，马先生已受政府聘请，去重庆并转赴乐山办复性书院去了。可见陶元亮说的不错，"人生无根蒂，飘如陌上尘"啊。那一晚，丰子恺对马先生的一往深情溢于言表，这一点给章桂留下了极其深刻的印象。

章桂、韩挺英他们到重庆后，在苍平街新生市场和民族路交道口、记功碑的边上，亦即重庆本地叫做"大十字"处，觅到一幢房子。经过几天的筹备，广西省文化供应社重庆办事处就正式挂牌开张了。

在重庆期间，章桂和文化出版界的朋友相聚甚欢。一天，张静庐的儿子张鸿志请朋友们在家里吃饭。

饭桌上，张静庐问他的侄子张鸿钢说："你们说章桂这两天要到重庆来，来了没有？"

章桂和张静庐虽然有过多次交往，但都是通过书信的，其实两人从未谋面。在座的姚蓬子一听，哈哈大笑，说："原来你们俩不认识啊！"

从最初的业务情况看，广西省文化供应社来重庆设办事处这个举措是多么正确！他们把从桂林运来的图书，通过各种渠道发行到甘肃、陕西以及新疆等地，既增加了文化供应社的业务量，又扩大了文化供应社的知名度。此后，章桂还帮助供应社从桂林往重庆运过几趟书。他做这一切完全是义务的，不拿一分钱的报

酬。这也就是章桂在桂林，在柳州，后来又在重庆的文化出版界
有那么多朋友的一个原因吧。

逃难第八站·重庆（一）

蠢彼蜂蚁伦，岂识天地博。

——马一浮避寇述怀诗

24

1942年8月，丰子恺应重庆国立艺术专科学校校长陈之佛之聘，将去该校担任教务主任，这时他想到了远在桂林的章桂。他写信邀章桂一同去"艺专"工作。章桂接到此信，高兴得几乎一夜未合成眼：他又可以和慈伯、姉妈一家朝夕相处了！

丰子恺写信给章桂邀他一同去"艺专"，是事先征得陈之佛校长同意的，也可以说是丰子恺应聘"艺专"提出的一个先决条件。也许是丰子恺向陈校长夸耀了章桂的人品和能力，也许"艺专"也正好需要后勤人员，总之，陈之佛一口就答应了。丰子恺之所以要带章桂一同去"艺专"，除了他确实关心爱护章桂，从后来的情形推断，也还有他自己私密方面的考虑。他有过一个人率领全家迁移的艰辛记忆，尤其由宜山去都匀一节，是怎么也不能忘怀的。现在一大家子人要从遵义长途跋涉去重庆，又有几个子女转学的问题，还有到重庆之后一家的住房问题，这些都需要有人打前站才好。而此时丰子恺身边已乏人可遣，他想到章桂也在情理之中，是极正常极自然的事情。

不管怎么说，当时的章桂能重新追随慈伯，是十万分愿意的。得信后，他一刻也不敢怠惰，即向姚钜堂经理提出了辞呈。姚经理起初不同意，说做得好好的为什么要放弃。章桂就明确告诉他，不管任何时候，不管我在干什么事情，只要慈伯唤我，我没有二话，放弃一切都要去的。姚钜堂见他把话说到这份上，也就不好再勉强他了。

就像俗话说的，章桂只一个人，自己吃饱了全家不饿。有丰子恺一家的吸引力，桂林再好，也没有什么可留恋的了。那天晚上，他简单收拾一下行装，第二天就上路了。

当然先去遵义。在遵义南坛巷丰家，章桂大约住了十来天。这十来天时间里，章桂又沐浴在久违的亲情里，觉得非常陶醉。姆妈一面好饭好菜看待，一面又细心地替他重新整端行装，还拿出一床丝绵被来给他。那是林先读中学时用过的，虽然旧，却是又柔软又暖和。章桂领受着姆妈慈母般的疼爱，他对慈伯和姆妈更加尊敬爱戴了。

在遵义这十来天里，章桂与阿宝、软软最为投契。毕竟年龄相仿，有着青年人共同感兴趣的话题。再说自1934年章桂进入丰家，七八年来与丰家子女相伴成长；尤其逃难之后，一路同甘共苦，凝结成了深厚的情谊，何况此一时正是"桃之夭夭，灼灼其华"啊，"暖雨晴风初破冻，柳眼梅腮春心动"啊。软软还邀请章桂到她家——那时，满伯和软软不和丰子恺家住在一起，她们就住在隔开几个门面的一间平房里。软软说是要教章桂学英文，其实无非是想和他相处聊天。当然，章桂也的确从软软那里学会了几个英文单词，比如book、pencil、ink，比如eye、nose、mouth等。软软还陪章桂到不远的湘江边散步。有时章桂兴致来了，便跳到湘江里去游泳。他在波浪里钻进钻出，惹得软软一惊一乍地笑闹。后来婶妈知道了，就数落章桂，说江水很深很冷，容易手脚抽筋，很危险的。婶妈的责备，让章桂感到无比的"贴肉"，他就再不去江里游泳了。

25

章桂是在这年的八月下旬离开遵义去重庆的，随身除了简单的行囊，还带了丰子恺好几个柏木书箱。每个书箱上都斜贴着封条，封条上是丰子恺的手书——"丰子恺封"。

战时的长途汽车，车子破，车速慢，从遵义到重庆差不多要走整整一天。章桂清早上的车，到重庆海棠溪下车时已经日脚平西了。海棠溪在长江南岸，江北对岸才是市区的储奇门码头。

储奇门是沿长江设的六个城门中较为重要的城门之一，自古就是重庆药材的集散地，也是西南各地向皇室进贡奇珍异宝的转运点。"储奇"二字因此得名。贵州来的商旅，一般都是经海棠溪摆渡过江，从储奇门进入重庆市区的。

章桂下车后，雇脚夫搬运书箱上渡轮过江，这时一阵江风袭来，偌大一个夕阳倏忽间隐入西边群山，天地一下就阴凉起来。江水明绿，江岸苍苍，正如李白的诗句所形容的："江色渌且明，茫茫与天平。"

储奇门码头有数十级陡峭的石级，章桂一下渡轮，就有衣衫褴褛的挑夫争着来揽活。看着挑夫担着书箱吃力地爬坡，章桂既感慨又无奈，心想，真是"牛出力来牛吃草，东翁坐轿我拎包"。这世道究竟怎么一回事啊？

出储奇门码头高大的圆洞门，就是凯旋路。沿凯旋路往东，转过一个犄角是重庆开明书店的一处仓库。章桂事先就计划好，这天先在开明仓库借宿一夜。在从储奇门到开明仓库的路上，书箱引起了路人的注意，许多人都好奇地说："丰子恺来重庆了！"可见丰子恺的确是名满天下。

第二天，章桂拿着丰子恺的介绍信去沙坪坝见陈之佛校长。沙坪坝离重庆有二十多里，是个小小的集镇，二十年后，因小说《红岩》而闻名于世。陈家在沙坪正街，像许多艺术家一样，再简陋的居处也要起一个雅名，陈之佛就额其楣曰"流憩庐"。大概是流亡栖息之所的意思吧。

来重庆前章桂就知道，陈之佛是丰子恺早年在日本留学时就结识的画友，后来在上海也多有交往，1925年匡互生、丰子恺他们创办立达学园，陈之佛也是"立达学会"九个常务会员之一，可以说是真正的老朋友了。他还知道，陈之佛是有名的中国画家，花鸟和工笔尤为人称道。陈之佛同时又是美术教育家，在"艺专"，他除了是一校之长，还兼任应用美术系教授。未见陈校长时，章桂想象这位校长一定生得气宇轩昂，及至一见，却是个和蔼亲切的矮个子中年人。他和丰子恺一样，也留着长髯，戴一副老式近视镜，为人一团和气，人都叫他"佛菩萨"。陈校长个子矮，陈师母却是人高马大，后来听人背地里讲笑话，说陈校长站在他夫人跟前，踮起脚刚够得着吃奶。

初次见面，陈之佛只是客气地表示欢迎；同时也告诉章桂，请他来是搞后勤，具体职务为出纳组长，主管财务，兼管总务。这等于是统领后勤，足见陈之佛对丰子恺的信任。陈校长最后说："章先生，借重了。"这话表面上是客气，其实是委以重任的意思。这让章桂顿时有了知遇之感，就一下与这位校长拉近了距离。

从陈校长家告辞出来，章桂又找到也在沙坪正街的风生书店。找风生书店，是要找在风生书店当店员的陈瑜清。陈瑜清是茅盾的表弟，也是丰子恺立达学园时的学生。章桂找他是想请他帮忙解决丰子恺一家的住房问题。这陈瑜清是位谦谦君子，20世纪80年代，我有幸跟他交往过几次。他那时定居在杭州，我则在《桐乡文艺》杂志社当编辑，我们之间的交往，是由他通过有关人士向编辑部投稿开始的。为了稿子的事，我们通过几次信，我也曾去他位于杭州大学路的寓所看望他。在此不妨摘引他的一封来信，因信里提到茅盾，顺便留存一点历史的印迹：

振刚编辑同志：

　　承赐示及《桐乡文艺》86·3期两册，两星期前早拜收了，谢谢。

　　最近我因开会忙，十六日竟又在仁和路上跌了一跤，磕破鼻子，在家养伤，故迟复至歉！

　　我一九七七年曾寄表哥一篇从一九五五年十二月号《苏联文学》（法文版）上译的《夏喜默德和白哈莉的家庭》，作者安莱娜·柯诺伦可（苏联），是战时孤儿的访问记。表哥在同年十一月二十一日回信中说，苏联小说（除早期《铁流》《毁灭》等外）仍是"禁区"，战孤一稿无处发表。他劝我还是译巴尔扎克或其他欧美古典著作，因此我译了一篇巴尔扎克中篇小说《大名鼎鼎高迪萨》（约五万字），本来《江南》杂志决定发表，不料因故停刊。现在又复刊，我的译稿已交给宋兆霖同志。表哥给我的那封信是登在《茅盾书简》第404页上。

　　一九七九年八月五日，表哥为新刊《苏联文学》题词《西江月》二阕，最后两句却是："而今借鉴不避修，安得划牢自囿。"（见《茅盾诗词集》第239页）苏联文学已经开禁了。

最近，我把拙译稿再看一遍，觉得这篇访问记写得很好，内容很感动人的。上次钟桂松同志来看我时，我也向他提起这篇译稿，惟有六千多字，我又颇为踌躇了。故特先向您请教，贵刊可否容纳这样的稿子？如可能，我以后再寄上。匆匆，即颂

编安！

陈瑜清

1987.3.21

·

从这封信中，我们可以知道，直到1987年，苏联文学在我国刚刚解冻；也知道，陈瑜清老先生在耄耋之年，犹孜孜不倦钟情于写作事业。抗战时期，陈瑜清一家也流亡到大后方重庆，在沙坪坝这么一家小小的书店里任职，以维持全家人的生活。

章桂找到陈瑜清，向他说了丰子恺一家将来重庆，问陈可有办法帮忙找一个临时的住处。陈瑜清非常热心，即去找老板周世予商量，得周同意，将书店前楼腾出来让丰子恺一家居住。这样，丰子恺一家来重庆后的居住问题算是暂时解决了。其时，陈瑜清一家也住在书店，住的是书店的后楼。

【同期声】

其实是先住在陈之佛家，后住书店楼上。

——丰一吟侧批

据说这家风生书店即为小说《红岩》里沙坪书店的原型，老板周世予的确是中共地下党员。数年后，周世予被国民党逮捕，还是章桂出面作保将他保释出来的。周世予出狱后，一度无处可去，也没有工作，章桂就留他落脚在自己蜈蚣岭七号的家里。后来周世予回到川东老家。新中国成立后，他是川北某单位的党务工作者，1958年章桂被错划右派，他曾来信表示同情和慰问。这当然是后话了。

26

落实好丰子恺一家的住房，章桂又替丰家的几个子女办好转校手续，之后，他便去"艺专"报到了。

国立艺术专科学校，校址在距重庆西北约百里的碧山县青木关松林岗。松林岗是一个花木葱茏的小山包，"艺专"的校舍在山腰，食堂在山脚。山脚下是一个极小极小算不上镇的小镇，镇上有一条极短极短算不上街的街，街上有几家日用品商店，一两家小饭店。章桂的宿舍被安排在山顶。山顶有一幢独吊吊的古堡式建筑，里面只有两间房门相对的房间，其中一间已住了人。那是个年轻女人，姓高，在训导处任职。空着的一间就成了章桂的寝室。

国立艺术专科学校就是现在杭州的中国美院的前身，当时是由"北平美专"和"杭州美专"合并而成的，已有相当的规模。后勤方面设总务处，总务处下设文书股、事务股、出纳股和教务股（含注册股）。章桂任主任的出纳股，实际上等于财务股。出纳股除了管财务，还兼管食堂。因为之前财务和物资的管理都很混乱，前任校长吕凤子根本不懂管理，学校没有财务制度，甚至连教职工的工资花名册也没有，以致无法正常发放工资。那教职员领工资怎么办呢？写个借据，摁个手印完事。那领多领少呢？这靠的是大家的信用，一般都知道自己的工资级别，每个月就"借"自己分内的，分内的钱"借"完，就不再"借"了。当然也有偶尔透支的，那就在下个月里少"借"一些，就算将透支部分还上了。食堂用米也没个准确数目，烧多烧少全凭估计；因为怕浪费，大多时候总是估计得紧一些，因此，迟去的学生常常会挨饿。学生因为吃不饱，所以对食堂整改的呼声特别高涨。

章桂摸清这些情况后，就去请示陈校长，说这样的状况不能再继续了。你既然信任我，让我干，我可要放开手脚干了。陈校长见章桂信心百倍的样子非常喜欢，说，你就大胆干吧。

得了校长的支持，章桂真的就甩开膀子干起来了。

第一步是整顿。首先废除写借条领工资这种形式，限时将全校教职员的工资花名册造好。为了结清前账，他得把一箱子的借条处理掉；一些已调离本校的人员，就由公家替他们每人刻一方私章，盖到造好的工资册上。这样，从下个月开始，一律按工资册发放工资。第二步是加强对食堂的监管。基本估准每天就餐的学生人数，由章桂亲自将米、面等发放到食堂。经过一段时间的实践，教职员工能正常领到工资了，学生也不用担心迟去食堂吃不到饭，而且菜肴的花色品种也比从前丰富了。改善了膳食之后，学生对章桂的办事能力非常钦佩，有一天他们竟然把他抬起来，欢呼着在校园里游了一圈。教师们也很欣赏章桂，戏称他是"我们'艺专'的'孔祥熙'"。

章桂在"艺专"的工作非常顺手，无论校长还是教职员都对他不错。那位与他毗邻而居的高姓女子，对他尤其好。章桂始终不知道高女士的名字，不好意思问吧。高女士有二十四五岁，人长得就像她的姓，很高，但很温柔，说话细声细气。据说她是山东大学家庭系毕业的，章桂不知道她的温柔是出于本性呢，还是与她读的专业有关，总之，她特别会体贴人，照顾人，尤其对男人。食堂不是在山脚下么，每次下山吃饭，她必要替章桂买好饭菜。有时难得去小饭馆吃饭，她也必定让章桂坐着，自己张罗着点菜买菜，端饭端菜。日子长了，有些学生闹起了误会，以为他俩在谈恋爱了。章桂无从解释，也就不解释了，一笑了之。

其实，高姑娘已经有男朋友了。她的男朋友章桂倒是问过，名叫宋志伊，是国民党"三青团"训导处的处长。这宋志伊每次来"艺专"和高姑娘相会，便和她住在一起，也就是同居。高姑娘对宋志伊当然更是体贴入微。高姑娘和宋志伊这样的关系，从不避人，可见他们已经确定了关系，也足见高姑娘为人的本色与坦荡。

27

在章桂来"艺专"前，"艺专"已决定搬迁了，因为青木关距离重庆实在太远。新校址大体选在沙坪坝嘉陵江东岸的磐溪，那里安静，同时风景也秀丽。"艺专"的日常后勤工作走上正轨之后，陈之佛校长就把新校舍的基建任务一并交给了章桂。

由于经费上的限制，陈校长考虑把新校址选在磐溪的石家大院附近。这样，教职员的宿舍可以租用石家的房子，节省下一笔钱，把校舍造得更好一些。当然这得有个前提，就是石家肯把房子租给"艺专"。为此，有一天陈校长带章桂去了一趟磐溪。这次去磐溪，一方面是再踏看一下新校址的地基，另一方面就是去石家大院拜访它的主人石荣廷，商量租房的事情。

出沙坪坝镇往东，不远处就是滔滔滚滚的嘉陵江。站在江边，老远就可以望见对岸山上一块一丈多高的红石，红石上刻有一个极大的"虎"字，笔力遒劲，据说是石荣廷的手迹。

这个石荣廷，在当地是个赫赫有名的人物。他是个绅士，又是辛亥革命的元老，据说曾经和孙中山先生过从甚密。孙中山当大总统时，他是国会议员，又是大地主，可谓是有财有势。此人在新中国成立后是被人民政府镇压掉的，但在当时，却是态度骄横，有些不可一世的样子。

那天，过江之后，章桂跟随陈校长进了石家大院。石家大院真是个大院，院落多，房子多，厅、轩、亭、台，十分精美。因为陈校长亲自登门了，石荣廷倒也还算礼数周全，但还是感觉得出他眉眼间流露出来的轻慢与倨傲。他不跟你绕弯子，说不上几句话，就直截了当地对陈校长说："房子我有的是，但是不太愿意租给人。当然，要是徐悲鸿先生向我开口，我是不好拒绝的。"

他的意思十分明显了，是嫌陈之佛校长的名头不够。人就是这么一种动物，处在低处，他会胁肩曲背刻意奉承；处在高处呢，就眼睛长到头顶，连自己的生辰八字也忘了。陈之佛校长的内心大概总有点不快吧，但他脸上没有明显的流露。章桂心想，看来租用石家房子的事情，大概免谈了。这样，有限的基建资金，连教职员的宿舍也要考虑进去，更得要精打细算才行了。

不料在回沙坪坝的路上，陈校长忽然对章桂说："小章，看来还得辛苦你跑两个地方，一个是磁器口，还有一个是枣子岚垭。"

章桂有些不解，说："去磁器口和枣子岚垭？"

陈校长苦笑着点点头说："没办法，只好请徐悲鸿先生帮忙了。"看来他还不愿放弃租用石家房子的打算。

徐悲鸿先生当时是中央大学美术系的教授，他居住在重庆中山一路枣子岚垭6号。徐先生的夫人蒋碧微1939年辞去教育部科教用书编辑委员会及复旦大学职务后，接受了四川省立教育学院的聘请，由重庆移家磁器口。陈校长的意思，是让章桂代表他分别去找徐、蒋二位，目的只有一个：动员徐悲鸿先生来"艺专"兼职，进而租到石荣廷的房子。章桂心里清楚，这事难度肯定很大。也许正因为难度大，陈校长才不想亲自出马去请，免得碰一鼻子灰下不来台，脸上不好看。明白了这一层，章桂只好勉为其难去试一试了。

磁器口在沙坪坝的正北，与沙坪坝相距很近，才两里多地，也算是巴县的一个重要集镇了。作为进川出川要道的嘉陵江沿途的一个重要场镇，磁器口早在明清时期，商业已日渐发达。清康乾时，附近的瓷窑规模日益扩大，到乾隆朝后期，这里运出的瓷器名声远播川外，磁器口这个镇名就是那时叫开的。

磁器口这个小镇风景十分秀丽，它面临波澜起伏的嘉陵江，背枕着的歌乐山一峰突起，有如翠绿的屏障。若把嘉陵江比作斜斜的一带衣襟，那么处在山陬水陬间的磁器口，就像这衣襟上一颗晶莹的绿玉纽扣。

蒋碧微的家在正街以南不远。那是教育学院的宿舍，一排五间平房，前后都有院子，在战时的大后方，算是比较宽舒的居住之所了。离宿舍不远是嘉陵江的一条支流，名叫清水溪。清水溪又有支流，那支流绕了宿舍流过去，因而此地环境更显得清幽。清水溪南岸是学院的农场和另一部分宿舍。章桂那天去蒋宅，从正街往南，走下十几级石级，再过一座小小石桥，就是蒋宅的后门。时值九月中旬，天气尚有些燥热，但一进蒋家客厅，就有一股清凉之气泗润过来，顿时觉得浑身一阵清爽。

客厅的陈设非常简朴，但是窗明几净，特别是一对笨笨的沙发，给章桂留下深刻的印象。因为那时候，一般中国人家庭很少使用沙发，尤其是在战时的重庆郊外小镇。

那时候，蒋碧微其实早与徐悲鸿分居了，但名义上他们仍然是夫妻。那天蒋碧微恰好在家，是她亲自接待了章桂。

说老实话，蒋碧微初始给人的印象不是特别的美丽，这主要缘于她的鼻子——她的鼻子似嫌太过肥硕。但是不多一会儿，你就能领略到她的美丽了。她的确很美。张岱形容女戏朱楚生，说："楚生色不甚美，虽绝世佳人，无其风韵。楚楚谡谡，其孤意在眉，其深情在睫，其解意在烟视媚行。"蒋碧微好像也有此种风韵。她那时应该有四十好几岁了吧，但看上去仿佛才三十出头，穿一身淡绿素花的短袖旗袍，一点也不显奢华，却能给人"艳冶括目，袅娜醉心"的仙种印象。

与主人接谈间，章桂觉得满屋里有许多小生灵在忽闪流窜，仔细一看，原来案上几边尽是各样姿态的猫娃。粗粗数来那猫不下十几只，有黑，有白，有黄，有花，虎纹豹斑各色各样。看来蒋碧微特别钟情这种动物，就在谈话时，她的怀里还搂着一只小小花猫呢。

因为与主人素昧平生，没有别的话题，所以寒暄之后就直奔主题。章桂说："我来打扰徐夫人，是代表陈之佛校长诚聘徐悲鸿先生屈尊去我们'艺专'兼职。我们……希望徐夫人……"

蒋碧微听了微微一笑，把怀里的猫娃一推，说："章先生，实在对不起，悲鸿他很少来这里，我恐怕帮不上先生这个忙了。"

话到这儿就关门落闩了，章桂知道再多磨唇舌也无济于事，就只好起身告辞。尽管从进门到离开，不过短短十来分钟时间，谈话也不满十句，但蒋碧微那种真诚、坦率，还是给章桂留下了极其深刻的印象。直到离开时，回头一瞥，他才注意到客厅墙上挂着一幅徐悲鸿的画作。那画画的是几株芭蕉，一畦青草，草地上疏疏落落的几只麻雀，极是气韵生动。

去重庆中山一路枣子岚垭6号拜访徐悲鸿先生，是隔天的一个午后。枣子岚垭是重庆警备司令部的所在地，是个让人提起来就毛骨悚然的地方。徐悲鸿不知出于什么原因，竟会选择在这种地方安家。不过章桂知道，有个崇德老乡钟宪民也住在这里。6号徐宅，正好与那个魔鬼盘踞之地门户相对，环境特别特别的安静。6号整一幢房子很大，徐先生大概只租了其中的几间。章桂上门时，徐悲鸿也正好在家，他在画室作画。

从章桂的眼里看去，因为有蒋碧微作参照，徐悲鸿显得有些苍老，一头浓密的黑发，已有星星点点的白霜，眼角也有细细的皱纹，整个人似乎有点疲惫憔悴。

章桂说明来意之后，徐悲鸿淡然一笑，说："章先生，对不起，我对教书已经厌倦了。"

章桂说："我们请徐先生屈就，不会增添徐先生劳累的。"

徐悲鸿说："那怎么可以？一旦兼职，我肯定会要认真对待的。章先生不知，我在'中大'任教授，又要自己画画，本身已感到时间不够，所以请你们务必谅解，我实在再无能力去贵校兼课了。"

话到这里已难以为继，章桂只好过桥落篷了。到此，"艺专"欲租石家房子的事算是彻底告吹了。

附带要提及一点的是，徐悲鸿说他任中央大学美术系教授，又要自己画画，时间不够，事实上，他还同时在主持中国美术学院的工作。中国美术学院是1942年七八月间，由徐悲鸿着手筹建的，与"艺专"新校区的筹建似在同一时期，只是现在已无法查实是在章桂去请他兼职之前，还是之后，或者竟就在同时。中国美术学院的建院经费，大部分由中英庚子赔款董事会用赔款的钱提供，缺口部分由徐悲鸿去广西举办画展筹集。徐悲鸿肯花费那么大的精力去筹建中国美术学院，那么，他不肯接受"艺专"的兼职就是理所当然的了。

非常巧合的是，与国立艺术专科学校选定的新校址一样，中国美院的院址也选在磐溪，而且租用的就是石家祠堂的房子。现在已无从考证，"艺专"的新校址与中国美院租用的石家祠堂是否邻近，石家祠堂和石家大院相距又有多远，不过依章桂说的情形看，徐悲鸿去找石荣廷商借房子，很可能是在陈校长和章桂去石家大院商谈之后。照后来的情形看，徐悲鸿出面一说，石荣廷果然就一口答应了。

28

丰子恺携家眷来重庆国立艺术专科学校正式任职，已是1942年的11月份了。这时"艺专"新校舍尚在建设之中，丰一家就暂住在风生书店的前楼。章桂认为，从此他在沙坪坝也有了家，每逢周末，他就回家去，那里有一张属于他的行军床。他躺在这张狭小的床上，就会感到无比的温馨。

这期间有一件事，章桂至今想起来依然觉得好笑。他有临睡前半躺在床上看书的习惯，一次，他读着读着竟迷迷糊糊睡着了，手里的书掉落，盖到蜡烛上就着了火。幸亏丰子恺及时发觉，赶过来叫醒他，一顿扑打把火扑灭，这才未酿成火灾。

造成这事的原因，主要是那一阶段章桂实在太累，他既要做好学校的日常事务工作，又要隔三差五跑新校舍工地。好在他年纪轻，精力充沛。丰子恺来校后也很关心章桂的工作，特别对于新校舍，他多有指导。他对章桂说，艺术学校校舍要有艺术性，门窗不能太呆板。在装饰上，丰子恺替他出了不少好的主意，要这样这样，要那样那样，所以人都称赞章桂，说这小伙子看不出这么内行。章桂至今说起来依然感激丰子恺，说："那都是慈伯教导的。"又说："我一生受慈伯教诲多多，这是永生难忘的。"

待到新校舍全部竣工正式投入使用，好像已经是第二年，即1943年的春天了。新校舍的校牌，章桂记得清清楚楚，是丰子恺写的。

那年将到五月的时候，天气已相当的炎热，风生书店的楼层起阁很低，到夏天肯定无法住人。再则，这时陈瑜清已离开书店，去小龙坎的树人中学教书了。熟人不在了，继续住在那里总有一些不便，于是丰子恺决定另觅房子，搬离书店。不久，终于托人寻到了正街东面一间刘姓人家的坟庄屋，就搬了过去。

这刘家坟庄屋一共三间平房，东边一间已为雕塑家刘开渠租用，中间一间供着刘氏祖宗的牌位，空着的西间就租给了丰家。坟庄屋没有窗户，只有一个小小的天窗，虽然阴凉，适宜度夏，但光线太差，无法看书作画。不得已，丰子恺只好雇人加开了一排天窗，这才解决了白天工作的采光问题。通共这么一间房，不分卧室，不分起坐，不分书房，也不分厨房。所有的床铺，床脚接床头，沿墙摆放一周。烧饭在一角，书斋在一隅，起坐、吃饭、活动在中央。可以想见，日常生活有多少艰难了。

像在风生书店时一样，在刘家坟庄屋章桂也有一张床。一般周末他便回家，姊妈像待儿子一样待他，关心他。姊妈叮嘱他说："章桂啊，星期天学校不办公，你就到家里来吃饭。"所以，只要没有特别的事情要处理，他总是去刘家坟庄屋度周末的。

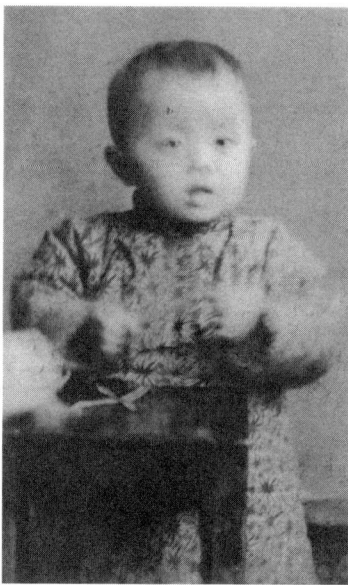

幼年丰新枚

大概章桂的工作能力和工作业绩得到了校长的首肯，所以那时他在"艺专"的工资待遇已相当之高。他的工资约有三百元，章桂记得只比丰子恺少几元钱，他又没有负担，一个人用不了那么多，也根本不考虑自己应当积攒点钱。他见慈伯负担重，但又不能没有缘由去给他们钱。那时新枚尚幼，姆妈奶水又不足，全靠吃炼乳解决，于是章桂每次去，总是买炼乳去，记得最多一次他买了有好几十罐。除了炼乳，他还买些肉啊鱼啊什么的菜蔬。

看来抗战不可能在短时间里结束，丰子恺就萌生了一个彻底解决居住问题的想法：造一所属于自己的房屋。他把这想法告诉了章桂，章桂也赞同。不久，经吴朗西介绍，觅到正街西面庙湾的一块地皮，造屋的计划就正式启动了。章桂找到曾经承建"艺专"新校舍工程的大中华营造厂（相当于现在的建筑公司），要他们来为丰子恺建房，造价当然要绝对优惠。这无需多说，彼此心照不宣。章桂记得，事实上大中华营造厂差不多只算了材料费。这屋就是后来尽人皆知的被称作"沙坪小屋"的新居。

29

就在"沙坪小屋"尚未完工，丰家仍住在刘家坟庄屋的时候，丰子恺和章桂之间发生了一桩事情。这是桩让章桂连做梦都想不到的事情，一桩让他百思不得其解、痛苦一辈子的事情。

这年夏天的一个周末，大概因为忙，章桂在学校吃过晚饭后才去刘家坟庄屋的。已经很晚了，推门进去，只见满屋里静悄悄的，看来一家人都已睡下了。章桂便轻手轻脚摸到自己床边，刚要躺下去，只听丰子恺说话了，他说："章桂，你过来。"

原来慈伯还未睡着。章桂就答应一声走了过去，说："慈伯，有什么事啊？"

丰子恺冷冷地说："你不用住在这里了。"

好像扔过来一块冰砖，章桂心里一凉，一沉，一痛，一时不知怎么搭话了。

丰子恺说："你既然为陈之佛做事，你该睡到他家去，不要睡在这里。"

及至听了这句，似乎有一点点头绪了，再一想却依旧茫然。他这人一下子就呆掉了。一时间，他的脑子好比一架机器飞速地运转，他想不出到底发生了什么事。是不是自己在什么地方得罪了慈伯？他想来想去想不出他到底做错了什么，紊乱的思绪理不出一个头绪，屋内的空气却压抑迫促，使他无法再在这屋里坚持下去。真的一刻也待不下去了，这就是所谓无立足之地吧。他竭力想控制住自己，可怎么也控制不了——他的眼泪夺眶而出了。他不能再赖在这里，他只好选择离开。人家都赶他了，他还能死乞白赖地赖着不走？

章桂刚刚跨出门槛，只听身后传来两种声音："砰"和"咔哒"。前者是关门声，后者是落闩声。关门落闩，那是决绝，章桂越加伤心了。

那是个没有月亮的夜晚，放眼一片漆黑。黑魆魆鬼影一样的沙坪坝，现在成了真正的异乡客地——章桂无路可走啊！他拖着两条腿，茫然无措地向前走去。石蛙的鼓鸣忽然从四周响起，咯咯咯咯，叫得人心乱如麻。走了一段路后他才发现，其实天上有星，星光惨淡，却是一点微明。章桂走到沙坪坝正街，见街上尚有三三两两的居民拍着芭蕉扇在街边纳凉。章桂走过这些人身边，听着他们天南海北地闲聊，越发感到自己是多么的孤单！

他找了一处黑暗的街角，在阶沿石上坐下来。到这时他再也控制不住自己，就失声痛哭了起来。他想不通一直"舌甜"自己的慈伯，竟会如此绝情。他反省自己，有什么地方惹慈伯生气了。什么地方呢？什么地方呢？他搜肠刮肚苦苦地回忆。

"你既然为陈之佛做事，你就睡到他家去。"

这话什么意思？章桂想，我为陈校长做事？我为陈校长做什么事了？我没为陈校长做过任何私事呀！若说因为陈校长是一校之长，为学校做事就是为校长做事，这样的指责，不觉得过分么？以慈伯一贯的宽厚仁慈，怎么会……章桂不敢想下去了。

坐了一会儿，章桂忽然擦干眼泪，站起身，又往前走了。走着走着，不知不觉来到一家门前。他抬头一看：流憩庐。——陈之佛校长的家！这时章桂才意识到什么，他问自己：我是来找陈校长的吗？我为什么要来找陈校长呢？

陈家还开着门，老远就传来谈笑的声音。幢幢灯影里，只见一群学生围着陈校长在说着什么愉快的事情，陈夫人和儿子也坐在一边。天气这么热，这里却是如坐春风。章桂不知道自己要干什么。或许可以找陈校长谈谈心，诉说诉说自己心中的委屈？但是，他立刻觉得这不合适。同时，陈家这么好的气氛也阻止了他。于是他叹口气，悄悄离开了。

他回到街上，坐在一家的屋檐下，想想又伤心地落下泪来。一个念头闪电一样来到脑际：会不会慈伯与陈校长之间产生什么矛盾了呢？"你既然为陈之佛做事，你就睡到他家去。"可是在一般人的眼里，两位都是有名的画家，又都有一副菩萨心肠，待人接物再谦和不过的。尤其陈之佛，人背后都管他叫"佛菩萨"。前文说过，陈校长生得矮小，师母却是人高马大，人开玩笑说陈校长踮起脚正好够得着吃奶，这样的话传到陈的耳朵里，他也一点不生气。这样两个人，谁相信会闹矛盾呢？

但是过细想来，两人间还是有发生龃龉的蛛丝马迹的。这么说，两个人真的是有了矛盾了？

"由于这矛盾，我越是工作出色，越是得到陈校长的肯定，就越让慈伯反感。看来，慈伯是迁怒于我了。"章桂不敢肯定地这么想。

陈之佛不是聘丰子恺为教务主任么？事实上，这个教务主任是空的。文人相轻，自古皆然。哪怕再谦虚的人，其实骨子里也傲。汪曾祺是有名的谦和慈祥的老头儿，但他就曾坦言自己表面上谦逊，骨子里傲。他写《桃花源记》，有人说陶潜的千古名篇摆在那儿了，你还敢写？汪曾祺说，为什么不？就写！这就是傲。但他确实有傲的资本，他写的新《桃花源记》确是不错，绝！当然，这个傲和文人相轻不是一码事，但你能说这两者没有一点点关系？往往傲着傲着就轻了。"艺专"教授大多是当时一流的名家，比如说大名鼎鼎的傅抱石，就是校长室秘书兼国画系主任，还兼着中央大学美术系教授呢。再比如说吴作人，又是一个重量级的画家，他是西画系主任。丰子恺要在这样一所名家荟萃的学校当教务主任，你说好当不好当？可惜当时的美术院校还没有漫画系，"艺专"当然也不设，丰子恺在"艺专"就有点使不上劲。他除了上几堂"艺术概论"之类的大课，简直没有多少事情可做。这可能让丰子恺觉得非常难受。由难受难免生出怨望，觉得自己好像受了欺骗一样。

在这样的背景下，产生这样的心理，大概也属正常的吧，恐怕换了谁都会如此。章桂不知道陈校长有没有察觉丰子恺的情绪变化，有没有省悟到自己人事安排上的疏漏。从客观上看，似乎他一概没有察觉，于是，问题就这么出来了。而恰巧在同一时候，章桂的业务能力得到了校长的赞许，他工作起来当然格外努力，和陈校长也有意无意更加接近。这在有一肚子委屈和不满的丰子恺看来自然就很反感，他无从发泄，只好把气撒到章桂头上了。

章桂还在流泪，他抬起泪眼望着夜空。暗蓝的天空，星星似乎多了许多，那是天籁的目光在抚慰章桂。蚊子成阵，沙坪坝的蚊子是出了名的厉害，个大，嘴尖。章桂就想，我不该怨恨慈伯，我应当体谅他。章桂认为，慈伯还是"舌甜"我的，还有婶妈，她始终关心我，爱护我。我应当回去，不可以意气用事。说到底，自己在异乡，只有他们是最亲最亲的人了。

章桂揩干眼泪站起身，蹭蹭捱捱地往回走。走到家门口，他又迟疑了，心想，要是仍不让进屋怎么办？又想，不让进屋就学一学"程门立雪"，站一夜算了。

他就这么站着。站了一会后，终于按捺不住，伸手去推门。谁知一推，门居然吱呀一声开了。离开的时候明明关门落闩，现在门开了，这个事实立刻让章桂的心柔软起来，他的眼泪再次流了下来。他判定，这门是婶妈为他留的。但婶妈为他留门，显然是得了慈伯许可的。这就表明，丰家仍将一如既往地接纳章桂，章桂仍然是这个家庭的一员，他不会因此而孤单，不会，他相信。

有人曾经出过一道测试题，问：这世上什么东西最深？种种答案被否定之后，回答是人心。这就叫"人心叵测"。人心叵测不应该是贬义的。人心叵测，人我都一样，因为人心最活，片刻即异，连自己都难以把握。心直口快，表里如一，有则改之，无则加勉等等，只能在大致方向上，其实谁都难以完完全全做到。而且人性之中还有一条，就是情感，情感纷繁，细如丝缕。人一旦有了情感裂痕，不分对错，不管正反，都很难弥合，恢复如初。哪怕明明知道是误会，明明知道是错怪，误会消除了，隔阂解开了，阴影却留下了。何况章桂再亲，终究隔了一层，说到底，不管是别人还是章桂自己，潜意识里，其实他只是一个店员、工友，甚至僮仆。

那年夏夜的不愉快，就这样永远结痂在了各自的心里。九十岁的章桂如今说起来，仍然非常遗憾和心酸。他说："我从小没了亲娘，我对慈伯和婶妈的感情，真的如同自己父母一样。"

【同期声】

我是第一次知道。正如前面所说，父亲任性。不过，我看了之后有两点感想：（1）我总觉得这件事很复杂，现在是简单化了。（2）父亲一生中从未在我面前对陈之佛先生有任何微词。

所以我说这件事一定很复杂。

——丰一吟批注

30

大约丰子恺觉得自己不合适再在"艺专"待下去了，因此当沙坪小屋落成之后，他便辞去了教职，在家过起了"赋闲"的生活。

公平地说，丰子恺离开"艺专"本与章桂没有关系，但是夏天的不愉快一直是章桂跨不过去的一道门槛，他觉得他不应当再在"艺专"干下去了，于是他向陈之佛校长提出了辞呈。这实际上是在陈之佛和丰子恺之间作的一次抉择，代价是失去一份不错的工作，但章桂毫不犹豫地选择了丰子恺。

可是陈之佛校长很不理解，他说："你干得好好的，为什么要走？"

章桂不想多说，他说："陈校长，你就让我走吧。"

陈之佛说："小章，'艺专'真的少不了你。你想你一走，财务这一摊子交给谁？"

章桂去意已决，只好言不由衷地说："可以交给张唯义。"章桂知道，张唯义是陈之佛的学生。

陈之佛摇摇头说："交给张唯义？"停了停忍不住又说：

"你别听他说得好听，他的名字叫唯义，其实是唯利。交给他，我不放心。"

章桂说："陈校长，我……我真的要走，你就放行算了。"

章桂的吞吞吐吐，陈之佛应该想到为什么，但他似乎没有想到。他坚持不同意，再三挽留说："干得好好的，何必一定要走呢？"

但是章桂铁了心了，陈之佛不同意，他就把账簿、工资册等文件以及教职员工的私章，全部移交出，硬是不去上班了。

后来陈之佛没有办法，果然让张唯义接手了。不过，不久之后，陈之佛自己也离开了"艺专"。陈之佛的离开或许有多种原因，但与丰子恺之间发生的不愉快，恐怕也是一个因素吧。

辞职之后，教育部总务司曾派人找到章桂，请他去部里工作。教育部总务司怎么会知道章桂呢？那是因为章桂在"艺专"工作出色，有一年他还得到过教育部的通报表扬。通报大意为：全国所有大专院校的总务工作，国立艺术专科学校最为出色。之所以有此成绩者，盖因总务主持者章桂先生也。

教育部总务司的邀请，当然也让章桂动心，但他既为丰子恺辞了"艺专"的工作，再就业自然要征询他的意见。丰子恺想了想说："不去吧，太远了。这么远，你一个人去那里，我不放心。"

的确是远，教育部当时在青木关，离开重庆有百里之遥。丰子恺说这话，应当是出于真心的。不过从中也可以读出，对于夏天无端迁怒章桂一事，丰子恺感到了内疚。他让章桂留在身边，也是重修旧好的一个表示吧。

不管怎么说，丰子恺的话让章桂重新感受到了亲情的温暖。

丰子恺安慰章桂说："我会设法替你找到工作的。"

此后，丰子恺的确为章桂联络过交通部等数个单位，但始终落实不了。

在沙坪小屋住了一段时间后，重新工作的希望依然渺茫。章桂想，不能就这么坐吃山空了。有一天，他对丰子恺说："慈伯，我想去桂林看看，也许可以贩点书来卖卖。"

丰子恺想了想说："也好。"

这样，章桂就离开重庆，动身去了桂林。他原本只是想的生计，去桂林跑一趟"单帮"，也是权宜之计。但是，人往往不知道在前面等着自己的是什么，章桂走出这一步，其实是重新踏上了远离丰子恺一家的命途，并且，他后半生的坎坷也由此发轫了。

逃难第八站·重庆（二）

平怀频沧溟，寂观尽寥廓。

——马一浮避寇述怀诗

31

章桂去桂林，不是无的放矢。桂林有他熟识的书店和朋友。第一趟到桂林，他就在新亚书店赊了一批挂图和蒋介石、林森等人的像，又在别的书店赊了一些图书，打了包，雇一辆私人汽车装运到重庆。他一面做批发，一面跑学校去推销，一下就打开了销路。之后，有的学校还主动上门来订购教科书，因为数量大，他就专程跑了一趟桂林。一般他是七五折拿来，九折批给书店和学校。这样的价格，在当时的重庆图书市场还是算较为优惠的，但是章桂说："很赚钱的。那一段时间，我有了钱。记得最宽裕时手里有三万多元。这么多钱，在沙坪坝可以买到两个铺面了。"

　　这应该算是章桂正式投身书店出版行业的小试牛刀。用现在的话说，是章桂赚的第一桶金。大约在1944年吧，章桂在重庆民生路（当时重庆的书店、出版社大多在民生路）冉家巷8号开了一家万光书局。章桂开书局，一是因为手里有钱，即有了资本，二是受了朋友们的怂恿。因为章桂认识的一些文化界朋友里，有作家，作家手里有书稿，当然要出书。为何叫万光书局呢？因为书局的图书来源主要是上海的万叶书局和光明书局。万光书局卖书，也带卖文具，同时还搞出版。这是当时大多数书店经营的一般模式。

　　几年里，经章桂的手出版的图书，记得起来的有英汉对照本《天下一家》。这本书是当时的美国副总统华莱士在重庆宾馆门前的一次演讲，由钟宪民翻译的。上文提到过，这位钟宪民是崇德老乡，在国民党政府的宣传部任职，与红人潘公展、张道藩轧淘。《天下一家》因为合时，销得不错。还有两本剧作，一本《董小宛》，一本《精忠报国》。这两本书的作者叫冒舒湮。冒舒湮在化龙桥中国银行工作，一年四季西装笔挺，他自称是冒襄冒辟疆的后代。冒襄是明清鼎革时期的著名文人，与方以智、陈贞慧、侯方域并称为明末四公子。他饱和着血泪写成的《影梅庵忆语》可以说是家喻户晓。由冒舒湮创作的《董小宛》，取材大约主要是《影梅庵忆语》吧，但作为冒氏的后代，他的笔底是充满感情的。再说，像《董小宛》《精忠报国》这样的题材，也与抗战的精神合拍。章桂接受了书稿，很快就出版了。

后来，一次去沙坪坝探亲，章桂说起自己经营的书店，谈到谁谁谁出了什么书，谁谁谁又出了什么书，丰子恺说："那我这里也有两本书稿可以出的。"

章桂说："好啊，那就出吧。"

于是很快，丰子恺的两本书也由力光书局出版了，一本是《教师日记》[①]，另一本是《人生漫画》。九十岁的章桂朝我苦笑笑，抱歉地说："结果书是出了，却没有付稿费。"

在当时的重庆搞出版，除了资本，纸张是一大问题：纸张供应特别紧张。章桂因为在军事委员会政治部印刷厂有要好朋友，所以出版用纸一直由他们帮忙供应。

其实搞出版、办书店也不容易，除了资金、纸张，政府部门的审查也很严格。当时国民党有一个专门审查图书的机构，叫"图书杂志审查委员会"，具体地址章桂已记不清了，印象里是一幢大楼。审查委员会的负责人是潘公展。记忆最深的一次，是为销售苏联作家肖洛霍夫的长篇小说《静静的顿河》，捧了样书去送审。这部《静静的顿河》，那时刚刚翻译过来，由上海光明书局打包经金华（或许是广州）辗转寄运来的，一共四部。章桂为了及时上架，书一到，他就亲自捧了样书去图书杂志审查委员会。因为性急，他一到那里就嚷嚷着要他们立即审查，他在一边立等。

---

① 《丰子恺文集》第七卷所收《教师日记》注明：［重庆］万光书局一九四四年渝初版。

审查委员会的人冷冷地看着这个满头是汗的年轻人，正待开口，从里面办公室踱出来一个人。章桂一看，是老乡钟宪民。

钟宪民哈哈大笑说："我说是谁呢，这么大的口气，原来是你仁兄！"

章桂不好意思地笑笑说："急等上架呢。"

钟宪民说："审查有这么快的吗？没有当场送、当场审、当场取回的道理的，你得等两天。至少得两天。两天后你来取，这是最快的速度了。"

章桂回忆这一时期，他的生活是既辛苦又愉快。因为手头宽裕，他在离书店不远的民生路七星岗对面的蜈蚣岭，花一百五十万元买了一幢六楼六底的房子。说起来这房子有六楼六底，其实底层又破烂又潮湿，派不来用场的。但章桂在重庆总算第一次拥有了自己的房子。

就在这时，他得到一个信息：同乡杨子才在贵阳被国民党逮捕，关押三年后，移送到重庆来了，关在集中营里。

章桂是怎么得到这个信息的呢？

原来这信息是杨子才自己送出来的。就在他被押解到重庆，从囚车上下来到监狱的途中，忽然看见街角立着的一个绿色邮筒，就灵机一动，在一张香烟壳子上写下一行字："章桂，我已来重庆。"并找个理由将这张纸塞进了邮筒。这事现在想来似乎有点匪夷所思，但事实上几天后，这张皱巴巴的香烟纸就由邮差递到了章桂的手上。

　　杨子才于1938年12月28日崇德书店被炸后，考取了国民党军委政治部办的电信班。电信班在桂林郊区的三合村，离丰子恺教书的两江师范和丰居住的泮塘岭都很近。毕业后，他被派往桂林园背村国民党政治部电台做报务员。当时的工资待遇是少尉级，不久升为中尉。

　　现年八十九岁高龄的杨子才已记不清是什么原因，导致他后来离开了政治部电台，到贵阳考取了中央通讯社的准备电台。何谓准备电台呢？中央通讯社在重庆有一个总电台，那时日机不是常来空袭么，万一总电台被炸，就可以启用准备电台。杨子才在准备电台仍然是报务员，发送中央社（CAP）的消息。

　　杨子才在中央通讯社准备电台，本来干得很好的，不久，在一些事情上与社长意见相左，他就跳槽进了西南公路局电台。公路局电台有一个姓计的同事，是杨子才嘉兴中学时高几级的同学。他们相处得非常好。

　　杨子才思想上一直倾向革命，倾向共产党，有一天他突然遭到国民党的逮捕，被投入了监狱。1945年抗战胜利前夕，他被移送到重庆集中营。就是在集中营里，他认识了《新蜀报》总经理、香港《光明报》督印人兼总经理、大名鼎鼎的新闻学家萨空了。

　　杨子才被捕这事，当时还流传着一段花边新闻，说是因为杨和电台台长同时爱上了一个女子，两人争风吃醋，台长就诬告他"通共"。章桂得到杨子才的消息后，就利用这条花边新闻，专程去了一趟浮屠关"三青团"中央团部宿舍，找到他在"艺专"时的同事高女士，转请她爱人宋志伊去保释，宋一口答应了。恰逢抗战胜利，所以没费多少周折，就把杨子才保释出来了。

出狱后的杨子才一直找不到工作，章桂就让他住到自己家里。八十九岁的杨子才笑着回忆说："我在章桂那里吃了一个多月的隑饭①，后来搭乘国民党军政部储备司（司长庄明远）的轮船，离开重庆，回到了南京。"

杨子才说："章桂真是个好人啊，我会记他一辈子恩的。"

20世纪中期以前出生的中国人懂得感恩。感恩应当是人诸多美德中的一种，可惜现在已经难得见到，这不能不说是人类的悲哀了。

32

1945年8月14日，是中国人永远不会忘记的日子，那一天日本帝国主义无条件投降了！坚持抗战八年的中国人民终于迎来了胜利的那一天！

抗日战争的胜利给离乡背井逃难到大后方八年之久的文化人，同样带来无比的兴奋和希望：他们可以结束流浪，复员返乡了！

这情景与一千一百八十二年前，"安史之乱"结束后，杜子

① 隑饭，江浙一带方言。隑，依靠；隑饭，意为靠别人养活。

美在四川梓州（今三台县）得到官军收复河南河北的消息何其相似乃尔！

都说历史常常有某种巧合，可不是！"安史之乱"（755—763）给李唐时代的中国人民同样带来过八年战乱的深重苦难。其时避难在剑门关外的诗人杜甫，听到平叛喜讯，兴奋得一改以往沉郁顿挫的诗风，立刻提笔写下了生平第一首快诗。这诗仿佛瀑布直下，又如骏马下坡，热情澎湃，一气呵成，成为千古绝唱。老杜在这首名叫《闻官军收河南河北》的七律里欢快地唱道：

> 剑外忽传收蓟北，初闻涕泪满衣裳。
> 却看妻子愁何在，漫卷诗书喜欲狂。
> 白日放歌须纵酒，青春作伴好还乡。
> 即从巴峡穿巫峡，便下襄阳向洛阳。

写完诗的杜工部立即动身，启程回久别的故乡河南洛阳去。——他有一条属于自己的船，可以想走就走。一千一百八十二年之后的现代中国人就没能这么爽快了。人人都想回家，可回家必须得具备两个条件：一是交通工具，二是路费。因为大量的人流，加上八年战事带来的混乱，交通方面尚未恢复正常，一时间汽车、火车和轮船都满足不了需求。更有人两手空空，根本没有能力支付那一大笔盘川。所以，虽然可以复员了，许多人还是只能徒叹"何处是归程，长亭更短亭"。

丰子恺一家也为路费问题困扰，一时无法返乡。为筹措川资，丰子恺于1945年11月在重庆举办了一次画展，次年1月又在沙坪坝和七星岗各举办了一次。直到1946年4月，他卖掉居住了三年的沙坪小屋，这才凑足回乡的路费。路费够了，交通工具却成为了问题。他就移家重庆凯旋路，一边等待归舟，一边享受重庆临去秋波的美丽。三个月后，终于如愿以偿，他率眷七人踏上了复员返乡之路。

章桂同样没有能力返回故园。由于他那一段时间经营图书太过用力，库存的大量有关抗战的图书，因为失了时效，积压了下来——他亏空了一大笔资金。他满心希望丰子恺复员还乡能将他带上，他还记着八年前丰子恺带他离乡逃难前夕跟他父亲下过的保证。但是他失望了，丰子恺没有一点点要捎上他一同回乡的意思。

33

1945年，章桂二十八岁，拿现在的话说，已属大龄青年了。他姐姐几次来信，催促他应当成个家，到后来甚至拿"不孝有三，无后为大"来教训他了。就在这时，世界书局经理姚钜堂夫妇热情地为章桂保媒，章桂就一口答应了。

女方是熟人，就是周润波的女儿周凤珍。那一年，周凤珍才十六岁，和章桂整整相差了十二岁。人生真是个琢磨不透的定数，章桂一直以小妹妹的态度来对待凤珍，并且在很长一段时间里将她忽略了，但是凤珍心里一直惦记着这个男人，从没有淡忘过。几年前，周润波一家也来到重庆。周润波在光明书局任职。就像在柳州、桂林时那样，章桂与周家常有来往。现在天从人愿，章桂和周凤珍终于走到一起，成就了一段前世姻缘。在之后漫长的夫妻生活里，苦也好，甜也好，周凤珍始终对章桂很好，吃什么苦遭什么罪都毫无怨言，而且始终认为，是她追求章桂的。

1945年11月12日，章桂和周凤珍在重庆中华路四海大厦举行了婚礼。婚礼既简朴又热闹，许多文化出版界的朋友都来了，其中一些名人值得一提。

婚礼前，章桂特地到叶圣陶先生家，一是邀请他喝喜酒，二是恳请他在婚帖上题词。叶先生当时是开明编译所的所长，《中学生》杂志的主编，和章桂有些交往，也算是开明同仁吧。叶圣陶先生愉快地接受了邀请，并欣然命笔，在婚帖的封面上题了"百年好合"四个篆字，又在扉页上写下这样的题辞：

吉士佳人，珠联璧合。嘉宾咸集，良宴斯开。幸署芳名于此帙，用证百年之永好。

三十四年十一月十二日叶绍钧书端

章桂与周凤珍结婚照

11月12日那天，叶先生高高兴兴地跑来参加婚礼了。

从叶家出来，章桂又去了陈之佛家，他也邀请陈先生来喝喜酒。陈先生在婚帖上画了一幅《双鸟图》，题款为：

章桂先生，凤珍女士嘉礼。雪翁谨贺。

但是，陈之佛没来参加婚礼，大约怕碰见丰子恺彼此尴尬吧。

当然，章桂也专程去邀请丰子恺一家了。丰子恺在婚帖上画了一幅《同心图》，题辞为：

叶圣陶题签"百年好合"的婚帖封面

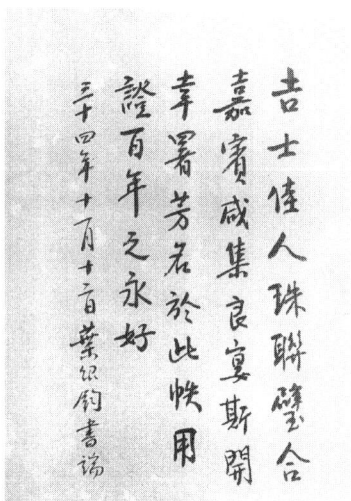

婚帖扉页叶圣陶的题词

二人同心，其利断金。

璋圭、凤珍结缡纪念。子恺画祝。

丰子恺也未出席婚礼。他在事前派长子华瞻送来一枚私章，意思是愿意做个缺席的主婚人，可以将印盖在结婚证书主婚人的名讳下。

这样子，章桂自然不开心了，一气之下，也就没用那枚印章。为此，他特地跑到刻字店为他父亲刻了一枚章，盖在结婚证主婚人的名字下。当然，主婚人同样是缺席了。既如此，他索性在《中央日报》《扫荡报》登了"结婚启事"，启事上"主婚人"一栏也赫然写上了自己父亲的名字：章占奎。

陈之佛的贺画贺词

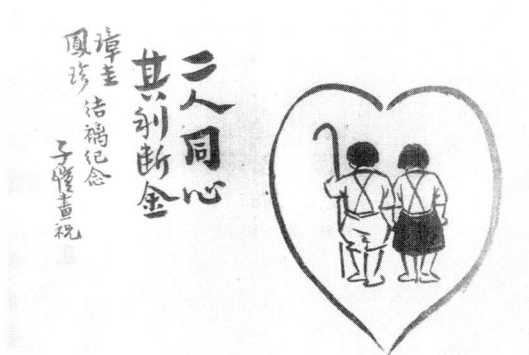

丰子恺的贺画贺词

那天的婚礼的确是既简朴又热闹，文化出版界的朋友来了有八十六位，其中不乏有名的人物。除叶圣陶先生外，还有担任证婚人的傅彬然先生。傅先生也是浙一师毕业，与丰子恺同为李叔同老师的高足。他是开明书店的编辑、地理学家。黄洛峰，三联书店香港总部经理，新中国成立后出任出版总署出版处处长。章

婚帖上来宾的签名

婚帖上来宾的签名

锡珊，开明书店总经理。张静庐，上海杂志公司总经理，时任新出版业联合总处总经理，大家都喊他张老总。新中国成立后，张静庐出任出版总署计划处处长。所谓联合总处，是联合了三联书店、作家书屋、三户图书出版社、文化生活出版社、时与潮出版社这么几家出版社，而成立的一个同仁机构。作家书屋是姚蓬子办的。三户图书出版社是冯玉祥办的，冠上"三户"的名字，是取先秦《楚人谣》"楚虽三户，亡秦必楚"的句意。文化生活书店是巴金办的。时与潮出版社是东北流亡来的一个出版社。

额外要提一下的是姚蓬子。姚蓬子现在之所以为人所知，是由于他的儿子姚文元。但在20世纪三四十年代，这个姚蓬子是较为活跃也小有名气的。早在1932年的3月31日，鲁迅先生就曾写过一首《赠蓬子》的诗。1998年出版的《鲁迅作品全编·诗歌卷》，这首诗的注释是这样介绍姚蓬子的：

> 蓬子，即姚蓬子。1927年加入共产党，1930年参加左翼作家联盟，1932年被捕，1934年5月发表《脱离共产党宣言》，叛变投敌，充当国民党特务。鲁迅应他请求写字时，还在被捕以前。

这么说起来，1945年的姚蓬子应当已是国民党特务，那么，他办作家书屋就很让人怀疑了。但是，这个姚蓬子在文化界就这么一直混着，虽然混得不怎么好。《王映霞自传》里有一节"我家的常客"，其中说：

> 一九二八、二九年，那时姚蓬子在上海没有职业，很穷，经常到郁达夫家去玩，吃饭时便留下一起吃了。他也写文章，托郁达夫介绍给刊物发表，得点微薄的稿费。……姚

蓬子讲的是诸暨话……姚蓬子一喝酒就脸红。

在重庆文化出版界，姚蓬子似乎也比较活跃，有时也出席文化人的婚礼。除章桂这一次，就我见到有记载的还有一次，就是叶君健和苑茵的婚宴。那次是在三年前，即1942年10月25日，地点是在一家有名的穆斯林饭店，叫百龄餐厅。当时重庆文艺界的知名人士差不多都出席了，如臧克家、孔罗荪、冯亦代等。姚蓬子也去了。苑茵后来回忆说姚"那时是一个出版社的老板"，想必就是作家书屋了。苑茵还说他是"与CC派有关系的'文化人'"，那么，姚蓬子其时是国民党特务就是真的了。

可是姚蓬子表面上依然是文化人的模样。章桂回忆说："姚蓬子胡子拉茬，看上去糟老头子一个，也喜欢打麻将。令人奇怪的是，他的作家书屋也出了许多进步人士的书，同时，这些人也是他的朋友。"

当时张静庐非常好客，经常邀朋友们上他家吃饭、打麻将。章桂常去，姚蓬子也常去，久而久之就熟了。熟识之后，朋友们闲聊，姚蓬子会指着章桂对大家说："这个小鬼伯伯手面大得很哩。"一次，三联书店要新开一家门市部，有人提议让章桂去当经理，姚蓬子摸摸连鬓胡，半开玩笑地说："反对！这个小鬼伯伯不能让他去，大手大脚。他的书店不大，你瞧瞧他的办公桌，大得来好当床睡觉。叫他去当经理，还不大手大脚完？"

【同期声】

　　章桂哥结婚时，我父亲愿任主婚人，他特地预先叫华瞻哥持父亲的图章交章桂哥在结婚证书上盖上。章桂哥对此表示不满，怪我父亲为何不参加他的婚礼，因此他不要盖这枚章，而用了他父亲的名字作主婚人。（这些都是他自己说的，我本来不知道。）这里我要提醒一下：他结婚是1945年11月12日，而那一年的11月1—7日，爸爸正在为回江南筹措路费而在重庆两路口办画展。父亲的画是不卖的。谁要买，他就重画，画展结束后画了给人家。12日那天，料想他正忙着"还画债"呢。章桂哥其实也可关心一下画展的事，何必主观地一味责备他不来参加婚礼呢！

　　　　　　　　　　　　　　　　　　　　——丰一吟批注

34

　　转年到了1946年7月，丰子恺一家七口终于踏上了复员返乡之路。章桂因为亏空一大笔资金，一时没有能力回去，只好在重庆滞留下来了。

　　其实打从抗战胜利那天起，章桂也一直企盼着复员还乡。他期待着丰子恺能来找他商量此事，就像九年前在南圣浜，丰子恺与他商量一起离家外出逃难一样。但是没有。六十一年后章桂重提此事还说："哪怕你有口无心跟我提一下也好，那多少也是一种安慰啊。这说明你心里仍然有我，说明你还记得逃难出来时你对我父亲的承诺。"但是没有。丰子恺带了他的家人走了，章桂在感觉里仿佛被抛弃在了异乡，他感到从未有过的失落和孤单，尽管此时他已经成了家。

比照同一时期丰子恺对周丙潮一家的关心，更让章桂感到寒心和悲伤。当时周丙潮仍在浙大工作（他去浙大也是丰子恺推荐的），浙大分批复员返回杭州，周所在的科室有人恐吓他，意思是不让他领取搭学校包车回杭州的复员费。丙潮当时已是五口之家，孩子尚幼，妻子又体弱多病，生计本来就艰难，如果争取不到公费，势必流落异乡，他一家将如何生活？他因而一时寝食难安，只得把这一情况写信告诉丰子恺。丰子恺立即回信说：

> 你是浙大人，不是谁的私权所能阻难的。倘竟有谁人胆敢留难，不让公费复员，你就借筹旅费自费回杭州。倘沿途有困难，随函附有几张名片，都写明舍亲表弟周丙潮率眷返杭，旅费有困难，甚望如数借给，日后由我归还……

两相对照，孰亲孰疏，就非常清楚了。但是章桂没有愤怒和怨恨，他有的只是说不出来的委屈和伤心。

【同期声】

丙伯为南归向我父亲求援，章桂哥对此不满。其实，章桂哥

如来向父亲求援，父亲也会帮他。章桂哥好像从未向我父亲提过
南归的事。

——丰一吟批注

恰在这时，他的一个朋友上门来了。这人叫周宗汉，湖州
人，他是来要回借款的。一年前，章桂因为要出版一批书，一时
资金周转不灵，就向周宗汉借了一百万元。现在周宗汉要复员还
乡，自然要来收回这笔款子。章桂本来已经亏空一大笔资金，手
头真的没钱，但欠人家的，现在人家要离开重庆了，当然应该归
还。不得已，他想到了他仅有的蜈蚣岭的房产，只有把它变卖了
还债。一时间房子也不容易出手，他只好忍痛低价出售，结果以
一百万元成交，刚好够还清欠款。他就打算第二天把钱给周宗汉
送去。

这天晚上，岳父周润波来，知道这个情况后说："你怎么这
么没有头脑！不是我要你不讲信用，你一百万元全部还掉，自己
两手空空，怎么办呢？"

说的也是啊，当时章桂已有家累，书店还有两名职工，要继
续营业维持生计，一点经济支撑也没有确实不行。

周润波说："跟你朋友商量商量，看看能否先还他一部分？
比如说先还个一半？"

章桂接受了岳父的建议，第二天捧了五十万元到周宗汉家。
他向周宗汉诉说了自己的困难，说："宗汉，能不能先还你一

半，余下的一半我情况好转后一定还你。"

周宗汉是个很好的朋友，他很爽快地答应了，说："章桂，不是我逼你，我手里也没钱，要回乡，没办法，只好朝你开口了。好吧，五十万就五十万，真叫老婆催着要回去，不然，不还也行，大家都是老朋友了。"

章桂很感动，心想，这才是人与人之间的真正情谊啊！

不久之后，上海光明书店要在广州恢复分店，总经理让周润波去主持。这样，岳父一家就离开了重庆，章桂夫妻在重庆连一个亲人也没有了。

"春风又绿江南岸，明月何时照我还？"冬天过去，春天又来，章桂在重庆苦苦地撑着，心情颓唐极了。

六十年后章桂检讨逃难这件事，思绪纷呈，感慨万千。人的经历总是一次性的，它无法重新选择，也没有"如果"或者"要是"。但是有一点，就是对既成的事实可以作尽量客观的分析，对某些可能性作一些推测。就逃难这件事，从丰子恺这方面说，也许避难和抗日是一半对一半的。换句话说，丰子恺一方面是避难，一方面也是为了融入大后方文艺界抗日的洪流。事实上丰子恺就是这么做的。从章桂这方面说呢，他主要是逃难，而且主要是帮丰子恺一家逃难。假如他不逃难，像他的父亲、姐姐和妹妹以及许多乡亲那样，他在老家也能和大家一样熬过八年的难熬时光。但是他逃难了，逃难本身推动他加入了抗日的行列。他在柳州、桂林，特别是1942年后在重庆，经他手出版、发行了许多宣传抗日的书刊和其他进步书刊，为抗日战争的胜利做出了自己的一份贡献。可是，抗战胜利了，包括丰子恺在内的大批文化人基本都复员返乡了，章桂却被迫留了下来。此后，一个接一个的风暴不断向他袭来，命运之神为他昭示了一轮又一轮新的苦难。

【同期声】

55页［按：初稿页码，现为145页］章桂哥说"丰子恺没有一点点要捎上他一同回乡的意思"，58页［按：初稿页码，现为153页］下半页说章桂"期待着丰子恺来找他商量此事……但是没有"。六十一年后章桂哥还对此事耿耿于怀，对张振刚先生说："哪怕你有口无心跟我提一下也好……说明你还记得逃难出来时你对我父亲的承诺。"对于这种指责，我觉得不攻自破。想当初，我父亲带他出来时就算说过一定带他回去的话，那时谁能料到抗战会长达八年。（父亲因缺少盘川，又在重庆呆了一年，共九年）父亲总以为一两年甚至几个月就能回来，对一个当时还是少年的章桂的父亲说这样的话，也是很自然的事。但到1946年我们回江南时，章桂哥已经事业有成，还娶了妻子，成了家。我认为，那时他倒是应该倒过来关心一下我父亲，或者至少"有口无心地"主动问问我父亲胜利后打算怎么样也好，可是他从不主动来问一下我们如何回江南的事。记得他曾带他妻子来沙坪小屋住过一夜，他妻子和我挤一张三尺床，共被头，半夜常来摸我的身体，我一夜没睡好。他从没关心过我们因为买不到轮船票只得绕圈子历经艰苦走陇海铁路又折回郑州，夜宿街头，到了武汉才坐上长江轮船。孩子小时要父母提携，长大成人就不应该再指望父母"带"他了。章桂哥当时已有事业有家庭，我父亲从未说过嫌章桂哥不帮他回江南的话。要回江南，可以各显身手，不必别人"提携"。我记得那时大人说过章桂哥在打"沙哈"，来去很大，真怕他输了钱。那时我父亲即使请他一起回江南，只怕他还不肯呢。不然他在胜利长达一年之久，为什么不主动来关心一下我们的行止呢！确实，章桂哥后来受尽了磨难，我实在很同情他。"文革"中，因受我父亲牵连，有不少人受尽折磨，可他们再见到我父亲时，没有一人怪他，而是把这归罪于"文革"。只有章桂哥把他在政治上受到的一切磨难归罪到我父亲不"带"他回江南这件事上。他显然是把矛头指错了方向。不过，他确实受了不少苦。我很同情他。

——丰一吟批注

35

三联书店是一家倾向进步的书店，抗日战争胜利后就逐渐为国民党所不容了。他们常常派特务去寻衅闹事，制造麻烦。1948年春天，国民党终于下手了，有一天，他们逮捕了该店经理仲秋元。

仲秋元是三联书店重庆分店的经理，同时又是重庆出版社联谊会的总干事。在仲秋元被捕之后，一方面同仁们商量救人，另一方面三联书店香港总店经理黄洛峰委托章桂，物色了一位姓魏的年轻人来接替仲秋元的位子。与此同时，同业又推举章桂担任重庆出版社联谊会的新总干事。后来，还是由章桂出面，将仲秋元保释了出来。

重庆出版社联谊会每月有一次聚餐会。这是书店、出版社之间联络感情、加强联系、互通情况的一种方式。也就在那时，章桂认识了李济生。

李济生是著名作家巴金的五弟，当时他在巴金办的文化生活出版社搞发行。文化生活出版社在民国路一幢破破烂烂的大楼里。这幢楼是利用被炸毁楼房的断垣残壁改建成的，楼下是商铺和写字间，楼上也有写字间，但主要是职工宿舍和私人住家，很杂。章桂跟李济生熟了以后，有时也去民国路文化生活出版社看望李济生。记忆里印象较深的一次，是那天巴金正好也在。李济生就对章桂说："今天三哥在，我妈也在，你就留下一起吃个饭吧。"章桂也就不客气，留下和他们一家共进午餐了。

在章桂的印象里，巴金不大说话，鼻子好像有点毛病，大约是鼻膜炎吧，一边吃饭，一边不时发出"吭吭"的声音。其实章桂此前已经见到过巴金，那是在一次旅途的车上，也是这样不声不响，鼻子里发出"吭吭"的声音。

章桂和李济生的友谊一直保持到"文革"时期。"文革"初期，李济生从上海写信给他，信中说，三哥因为写过一篇歌颂彭德怀的文章，正在写检查。也牵连到李济生，他也在写检查。还说，写不完的检查，没完没了。

三联书店遭受仲秋元被捕事件后，国民党并不就此罢休，仍然不时来故意找碴。于是总店决定撤消重庆分店，人员疏散回香港。为此，须得顶掉民生路73号的"三联"店面，资产估价为五千万。他们找到章桂，请他帮忙寻找买主。章桂就出面找到开明书店经理赏祥林。起初赏祥林答应顶进，事后又变卦了，据说是因为"三联"牌子太红，怕顶进之后招来麻烦。

过不多久，有一家名叫"四宝斋"的文具店愿意吃进，但只肯出到三千万。价格太过悬殊，当然无法成交。

在这种情形下，走投无路的"三联"总经理黄洛峰再次找到章桂，请求章桂无论如何帮这个忙，吃进店面。章桂是个血性汉子，几年来，仗义执言，乐于助人，在书店、出版业有口皆碑。现在"三联"确是遇到困难，他又碍于面子，就咬咬牙接受了下来。

但章桂没那么多资金，五千万可算得一笔巨款了啊，上哪儿弄那么多钱去?

好在他结识面广，朋友多。他仗义，朋友也"乐开"。他找到了他的一个朋友郭绍仪。

郭绍仪也在民生路上开了一家新生命书局，但以卖文具为主。当时四川有一个很大的帮会组织，叫"袍哥"。"袍哥"在文化界有个下属性质的组织叫"会文社"，"会文社"的成员大多是开书店的。章桂和郭绍仪都是"会文社"的社员，而且关系一直很好。郭绍仪生意做得不错，除了书店，好像还有别的营生，因此经济实力很强。章桂想来想去只有向他开口。一开口，他二话没说就答应了。这笔借款，之后逐年归还，几年后也就还清了。

36

顶下三联书店后，章桂便把万光书局从冉家巷8号迁到民生路73号三联书店原址。

迁过去以后，果然不出赏祥林的担心，国民党又缠上万光书局了。

国民党见三联书店不声不响搬走，很是恼火。其实他们来找"三联"麻烦，目的不是要把它赶走，而是要缠住它，进而挖出背后的共产党组织。现在"三联"突然失踪，他们就怀疑上了章桂，猜测他会不会是共产党。他们对于"三联"的撤离，在报上发表攻击性的评论，还悻悻然声称，被章桂"捷足先登"了。

从此，国民党特务又盯上了万光书局，三天两头借口检查，把许多书刊抄去，甚至连周谷城的《中国通史》等学术方面的图书也不放过。章桂始终认为，重庆社会排外情绪一向很浓厚，这时就有人放出空气说："什么万光书局，就是三联书店！"

国民党特务常来无理取闹，章桂非常愤怒。他年轻气盛，有时实在忍无可忍，竟跟他们动起粗来。这么闹腾过几次，特务们其实也清楚了，万光书局根本就不是三联书店，但他们仿佛上了瘾一样，还是隔三差五来捣乱，意思再明白不过，这叫"拉不出屎嫌坑臭"，他们把"三联"撵走这口恶气，撒到"万光"头上了。

章桂说，国民党特务是不上路的下三滥，就好比粪缸里的麻皮，又臭又韧。跟他们既无理可讲，又无法摆脱。在万般无奈之下，章桂试着寻求法律途径。当时在重庆有个有名的律师叫周寒梅，周律师喜欢麻将，是中华书局麻将桌上的常客，章桂也常去打麻将，因此认识这位律师。一次，章桂有意说起特务来寻衅找碴的事情，周律师就说："让我帮你想个法子。"说着，他要章桂替他打一圈，他去找来几张万年红纸，拼接成一条大竖幅，在上面写上：

周寒梅律师受聘为万光书局常年法律顾问。

章桂就将这竖幅挂在书店门面上，从楼上一直挂到下面，非常醒目。这一招似乎很灵验，从此特务就不再上门了。

国民党特务表面上是不来捣乱了，其实他们并不就此罢休。正像俗话说的，不怕被贼偷，就怕被贼惦记。章桂是让他们惦记上了。

就在这年的秋天，一天中午，章桂在吉阳邨的家里与朋友吃酒，楼下厨房里传来嗞嗞啦啦炒菜的声音。

章桂自从1946年卖掉蜈蚣岭的房产后，一直是赁屋居住，而且由于各种原因搬迁相当频繁。最为荒唐的一次，是从民生路百子巷搬到中山四路时，竟忘了大女儿明慧在学校读书。结果明慧放学回家，发现家突然消失了，急得直哭。后来经邻居的指点，她寻到半夜才找到新家。

吉阳邨也在民生路，离万光书局不远。那天章桂正和朋友吃酒，忽听楼下有人在喊"章经理"。章桂推开窗去看，那人说："章经理，你们店里出事了。有顾客和你们店员吵起来了，都等着你去处理呢！"

章桂听了也不多想，就让了朋友，自己披了件外套匆匆下楼去。走出家门，刚到吉阳路口，就见路旁闪出两个大汉，他们一边一个挟住了章桂的两个臂膀。章桂知道，他遭暗算了。

特务挟持章桂一路无话，一直走到中华路与青年路交道口，这时一个站岗的警察眼钝，没轧出"苗头"，他笑着跟章桂打招呼，说："章经理，上哪儿啊？"

一个特务上去就给他一个嘴巴，说："少管闲事！"

就这样，特务押着章桂到了老街2号，西南军政长官公署二处。那是臭名昭著的军统特务机关（处长即是毛人凤）的后门。章桂心里一凉，知道自己凶多吉少了。

牢房是一间木板房，门是木栅栏门。提审是在一间办公室，阴森森的，终年见不到阳光。他们给章桂的罪名是：从上海偷运来赤色共产党的图书，窝藏在仓库里。章桂当然不承认，并坦言可以去仓库检查。但是特务们不让申辩，也不去仓库搜查，他们用刑。先是揍，揍嘴巴，然后上老虎凳。

章桂平生唯一一次坐老虎凳。他说那真是残酷，垫到两块砖时，眼珠向上翻去，人就晕过去了。于是一盆凉水泼过来，这才慢慢苏醒。苏醒之后继续审讯。章桂说，他当然不能无中生有，随便乱招，于是皮鞭、拳脚就像雨点一样落到脸上、身上。

关押期间，曾有一个学生模样的人也被关进来。那人一进来就公开大骂国民党。他对章桂说，自己是进步学生，是在码头上被抓的。不久又有一个工人模样的人被关进来，说是因赌博被捕的，也大骂二处。章桂心里明白，这两人很可能是诱饵。他不跟他们搭腔。他不上这个当。

关在里面的那些日子，章桂心里万分焦急。一是担心自己，不知最终会有什么结果；二是担心家里，他突然失踪，妻子、女儿不晓得急成什么样子；三是担心书店，他不在，还在继续营业么？但是担心归担心，人在里面，干着急，一点办法也没有。

真是度日如年啊！好容易两个月后，有一天，一个熟人的身影忽然出现在牢房外。这不啻是绝处逢生，让章桂怎样的惊喜呀！想想简直是不可能的事情。

那是一个女子，是大众书局的职员，名叫周迺好。后来才知道，周迺好当时正和西南军政长官公署的一位干部恋爱。西南军政长官公署是在这座大院的前院，那天不知为什么，周迺好和她的恋人从后门出来，正好路过牢房。也算是天赐的良机吧，这牢房又是木栅栏门，章桂一眼就看到周迺好了。

章桂当然不肯放过这千载难逢的机会，他叫住了周迺好，说："周小姐！周小姐！"

周迺好小姐想不到这种地方会有人认识自己，冷不防倒吓了一跳。一看，认得是万光书局的经理，就惊讶地说："章经理，你怎么会在这里？"

隔着木栅栏门，章桂把前因后果简略地告诉了周迺好小姐。周小姐说："章经理你放心，我们会想办法通知你家里的。"

后来才知道，章桂被捕后，妻子凤珍急得什么似的，又没有什么人可以商量，唯有天天到各处去寻找，精神差一点崩溃了。幸亏周迺好小姐上门去报告消息，她这才不再去瞎撞了。

周迺好真是个富有同情心的女子，她以后又特地来牢房几次，要章桂放心，说她正在设法保他出去。不久，这件事捅到了媒体上，香港、广州的报纸相继披露了章桂被国民党特务无辜秘密逮捕的消息。这大概都是周迺好小姐所做的工作吧。最终，国民党迫于压力，同意章桂找人保释。

保人当然须有一定的社会地位。章桂首先想到的是重庆开明书店经理赏祥林，因为他自认为与赏的交情不浅。但是万万没有料到，这个赏祥林竟然不肯出面担保。后来章桂才知道，赏祥林其时已加入"中统"。这就不得不让章桂产生怀疑，他的这次被捕会不会与赏有关。但当时赏祥林不肯作保，只是让章桂感到有些意外，也有些寒心。

　　赏祥林不肯作保，章桂就想到了陪都书店经理冯珊如。那一天，章桂和妻子凤珍一同去恳求冯经理。取保的经过是这样的：特务押着章桂，妻子凤珍跟着，来到民生路陪都书店。经章桂一请求，冯珊如经理立刻很爽快地答应了，并在保释单上签了字。

　　手续完了之后，特务走了，章桂再次感谢冯经理。妻子凤珍忍不住，就告诉冯经理赏祥林不肯作保的事。冯经理听了也很气愤，把无情无义的赏祥林骂了一通。

　　就这样，章桂在被关押两个多月以后，终于回到了家里。才两岁的女儿见到爸爸，"哇"的一声哭了。

逃难第八站·重庆（三）

物难会终解，病幻应与药。

——马一浮避寇述怀诗

37

1949年11月30日，重庆解放。吃过国民党官司、尝过国民党特务机关老虎凳滋味的章桂，满腔热情地迎接了新时代的来临。他那时既是万光书局的经理，同时又受同业推举，兼任重庆联合图书出版社理事会主席。当时，章桂认为他生命中一个新的时期开始了。

新中国成立后，万光书局一直紧跟共产党，配合形势出版过有关土地改革、抗美援朝方面的图书和宣传资料，其中包括赵树理的小说《小二黑结婚》等文学作品。

由于章桂的努力工作，成绩显著，西南军区文化部和川东军区文化部都非常支持他。他也常去军区组稿，军区就派吉普车接送。

1950年的秋天，西南军政委员会新闻出版处处长黄侃同志找他谈话，希望他领头搞一个行业组织，把重庆几十个出版社联合起来。不久，重庆联合图书出版社成立了。联合图书出版社设有理事会，理事会也有个实体，叫联合书店股份有限公司。联合书店股份有限公司主要由四家书局组成：万有书局、新中国书局、新联书局和万光书局。公司经理张鸿英，会计夏建初。当时万光书局的股份评估为三千一百万元①，由公司出具股份收据。此"收据"经过几十年的磨难，居然安然无恙地给留存下来了。

这年的9月底，新中国首届出版工作会议在首都北京召开，章桂以重庆联合图书出版社理事会主席的身份出席了这次盛会。10月1日是第二个国庆节，全体代表被邀请上天安门城楼参加国庆观礼。那一份光荣感，章桂说无法用言语形容。这份荣耀不仅体现在观礼台上，就是走在街上也能感受到——胸前佩着红绸的代表证，路人都会以仰慕的目光望着你。

会议期间，章桂还见到了许多熟人、朋友，他们中有韩挺英、张静庐、黄之润、胡愈之，还有叶圣陶。叶圣陶先生在新中国成立后出任出版总署副署长。

直到现在，章桂还保存着1950年第一次全国出版工作会议的代表证和观礼证，保存着已经发黄的全体代表的巨幅合影。

---

① 为旧人民币，折合现币三千一百元。

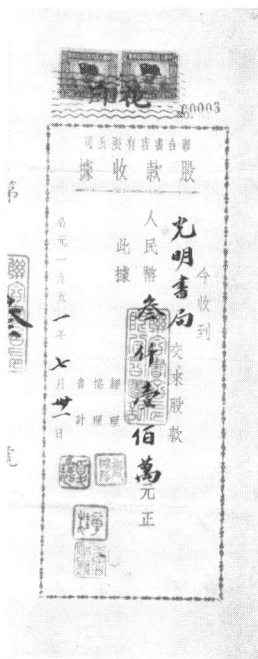

万光书局入股联合书店股份
有限公司的资产收据

章桂出席全国首届出
版工作会议的代表证

1950年章桂参加国
庆观礼的观礼证

38

然而令章桂意想不到的是，紧接着造化又一次捉弄了他。他
的命运急转直下，又一轮的苦难不久之后拉开了帷幕。

1951年12月1日，中共中央发布《关于实行精兵简政、增产
节约，反对贪污、反对浪费和反对官僚主义的决定》，一场声势
浩大的"三反"运动开始了。1952年1月，中央又提出"反对行
贿、反对偷税漏税、反对盗骗国家财产、反对偷工减料和反对盗

窃经济情报"即"五反"运动的指示。两个运动合起来，历史上就叫做"三反五反"运动。延至1954年四、五月间，重庆文化出版发行系统的"三反五反"运动全面铺开。其来势之猛，也只有用"暴风骤雨"四字方能形容。

运动展开以后，西南大行政区忽然挖出了一个以章桂为首的大盗窃集团。据说这个集团盗窃了两百亿元①的财物。这是包括章桂自己在内的许许多多人都万万没有想到的。

五十四年以后再来看待这件事，就一点也不感到奇怪了。因为几十年来的"阶级斗争"，我们见识了多少罗织罪名、捏造事实的事情啊！可是在当时，章桂却一下子被击懵了，也击垮了。他一生从未经历有如此不顾事实、污人清白，而且不容分辩的事情，一时不知怎么办好了。

在万人大会上，他被押到台上接受批斗，几个店员假扮工人上台"揭发"，说章桂盗窃的大量图书就窝藏在朝天门仓库里。以章桂的性格当然不予承认，但不承认是没有用的，不承认就是负隅顽抗。"负隅顽抗"，现在早已成为陈词滥调，可在当时却是一把新鲜出炉的"匕首"，锋利无比，杀伤力是很强的。负隅顽抗，紧接着一句就是"死路一条"，章桂当场就被锃亮的手铐铐走了。

章桂的被诬陷，一方面是形势的需要，形势需要有一只替罪羊来祭刀。但是，这只替罪羊为什么不是别人，而是章桂呢？

---

① 为旧人民币，折合现币两百万元。

几十年后重新审视这件事，应当说，另一方面，也有章桂自身的因素。就像章桂一再感觉到的，重庆地方一贯有排外的倾向，作为外地人的章桂事业这么成功，难免会引起嫉妒。再说，章桂这人做事风风火火，肯定也会得罪一些人。同时，择人不善更是问题。

1952年，万光书局招进了两名青年职工，一名叫杨银辉，另一名叫李贤贵。李贤贵是个不太正派的人，他工作不好，有时受到章桂的批评，表面上接受，内心却产生了怨恨。这个，章桂心里是清楚的，但他没能及时化解。重庆一地，书店、出版社的经理们有个经常聚会打麻将的老传统。这其实也是联络感情、互通情况的一种方式。章桂一般上午在店里上班，下午有时去中华书局打麻将，妻子凤珍这时就来坐镇收银台。

一天下午，章桂不在，李贤贵就对凤珍说："师母，你请我们看电影吧。"

凤珍毕竟年轻，才二十三岁，心一软，真就拿了钱和李贤贵、杨银辉看电影去了。

"三反五反"运动一来，这个李贤贵就倒打一耙，揭发章桂唆使妻子拉拢腐蚀青年工人，竟然造谣说凤珍与他俩有不正当的关系，气得凤珍差一点寻死。

过来人都有这样的经验：当一个政治运动像弦上之箭蓄势待发，眼看暴风雨就要来临的时候，只要有谁挑头把矛头引向某个人，那么这个人多半就会成为运动的对象。因为人人都害怕运动搞到自己头上，所以一旦有了目标，大家就赶紧齐心协力帮他当上这个替罪羊。更何况还有一批欲通过"运动"出人头地捞取政治资本的"积极分子"呢！于是就"墙倒众人推"，再清白再无辜再高大的"墙"也就轰然倒塌了。现在已无法弄清，是李贤贵的揭发引来了这场大祸，还是祸事开头，李贤贵落井下石。想想其实挺简单：既然你们说我在朝天门仓库窝藏大量盗窃来的财物，查一查不就清楚了？可就是不查，也不听分辩，分明是揣着明白装糊涂，生铐活钉，硬是把人带走了。

不过也并非所有的人都昧着良心说瞎话。进驻出版发行系统的西南军区工作组，有个军代表丁云奇就曾提出质疑。他说："两百个亿的财物该有多少啊？章桂等几个人盗窃得了么？"但是比起运动的声势，这样的声音太微弱了。何况几家被牵连到的印刷厂厂长，吃不住高压，为了保全自己，尽快过关，纷纷违心地承认，"坦白从宽"了。

工作组见无法控制局面，又不愿参与制造错案，就撤走了。

丁云奇同志是个让章桂感念一辈子的共产党干部。他临走不避嫌地找到章桂，对他说："章桂同志，我以组织的身份认为，这是一起错案，但我现在无法扭转局面。章桂同志，你要坚持实事求是，不要屈从，因为这还关系到西南大军区出版、发行系统两百多人的命运。"

章桂相信了丁云奇同志，并按丁军代表的指示做了；他始终坚持实事求是，不承认有盗窃集团。为此，他被"抗拒从严"，被正式逮捕入狱了。

任何时代，监狱总是个没天日的地方，牢房内是先进"山门"者为大，坐的、睡的位置先来的都占好的，后来的就只好睡在尿桶边。这些章桂也只能忍受了。关了好几个月后，有一天法警来叫章桂，说："放你出去了，立刻收拾东西，马上走。"

这让章桂觉得有点突然，也有点意外：怎么，就这么放了？

但释放成为现实，这无论如何是让章桂感到高兴的。他自由了，他可以与妻儿团聚了。他想，他听丁军代表的话是听对了。

可是"马上走"，不是直接从监狱回到家里，而是先被带到人民法庭。法官对章桂一本正经地宣读"判决"：

　　　　查该犯盗窃事实查无实据，予以释放。

面对这样的判决，章桂哭又不是，笑又不是。他走出人民法庭大门时，不由得回过头去向里面望了一望。

回到离开市区很远的枣子岚垭北面的红球坝家里，妻子一见章桂就哭了。这一年章桂已有三个儿女，儿女们见到爸爸非常开心，都笑着拍手说："爸爸回来了！"

39

章桂虽然在监狱里只待了短短几个月时间，但世事就在这几个月里发生了根本性的变化。联合图书出版社理事会解体了，联合书店股份有限公司也不存在了，原来的经理、职工均已成为国营新华书店的员工。章桂自然被淘汰，他失业了。

失业之后的章桂一时找不到工作。好在家里尚存一部分图书，他就摆地摊卖书，勉强维持一家人的生活。书卖得差不多了，工作的影子还没见着，他只好把家里的衣物陆续拿出去换米，最后连手表也摘下来卖掉了。截至1953年年底，章桂已家徒四壁，一贫如洗了。

失业期间，重庆"工商联"的人找到章桂。从前章桂当书店经理时，跟"工商联"的关系是比较密切的。你不要以为"工商联"雪中送炭，为章桂安排工作来了。不是的。他们是来让章桂帮忙的。新中国成立之初，工作难找，"义务劳动"却非常盛行，打着"为人民服务"的旗号，让人不好拒绝。"工商联"找章桂是找义工，他们人手不够，要他帮他们一起下基层工会辅导、宣传、演讲，目的是催交爱国公债，支援国家建设。说义工，的确完完全全尽义务，没有一分钱的报酬。

章桂的妻子凤珍也被"妇联"动员去做义工，宣传节约粮食。奇怪的是凤珍非常积极，还以身作则自己饿肚子，主动省下定粮缴公。

章桂也很积极。章桂的积极多少有点辛酸，因为在别人眼里，怎么说他也是个进过"局子"的人，但是"工商联"还来找他，这说明人家在政治上对他还是认可的啊。

　　章桂在"工商联"帮忙，就是俗话说的"自吃饭，白磕头"。但自吃饭有时他也没得吃，在"工商联"忙了半天，中午回家，一摸锅灶，毫无热气，就只好挨饿。有时候他预先知道家中揭不开锅了，索性待在"工商联"不回家。别人都回家或者去食堂吃饭了，临走时说："章桂，该吃午饭了。"章桂就说："等一等，等一等就走。"人走光以后，他就在办公室喝白开水。

　　后来这个情况叫总务处处长李志卿发现了，他说："这怎么可以？"于是当众宣布："从明天起，章桂的午餐由'工商联'提供。"

　　章桂苦笑了一下，告诉我，他的命运实在是不济：万万没有料到的是，这位好心肠的总务处长当天夜里心肌梗塞去世了。他的承诺落了空，第二天章桂仍一如既往地挨饿。

　　这样忍饥挨饿的日子，一直持续到1956年的某个月份（哪月？章桂记不清了），有一天，全国新华书店经理会议在北京召开。会议期间有人问起，重庆的章桂怎么不见，就有了解的人把章桂的情况说了。这就引起了有关部门的注意。经他们深入了解情况后，认为这样对待曾经对革命有过贡献的同志有失公允，于是责成重庆方面要给章桂一个妥善的安置。

　　公事下达到重庆有关部门，有关部门认为章桂的工作该由行业工会安排，就把"球"一脚踢到行业工会。行业工会则认为，章桂是个资本家，要安排工作，首先得对自己有所认识。所谓

"认识"，就是要服软，要去说软话求恳。以章桂的个性，要他低三下四，他宁可趴在长凳上挨饿。他没去。事实上，当时资本家失业的很多，要安排还真安排不过来。放过这个机会，章桂头在有点不识抬举。

但是，章桂毕竟在重庆文化出版界有一定的知名度，不久，未安排工作这一情况又叫上面知道了。这回是上督下，他才被安排到公私合营的新渝书店中一门市部当了主任。这样，一家七口（这时已有五个孩子）总算有了衣食来源，生活从此安定下来了。

40

平静的日子过了差不多两年，厄运再次降临到章桂头上。

有个"老运动员"曾经自嘲地说过这样的话："'一朝被蛇咬，十年怕井绳'，这话十分的不准确。事实是，'一朝被蛇咬，十年蛇惦记'，因为你身上的气味，蛇本能地记住了。当又一轮运动到来的时候，极有可能'一客不烦二主'，再度将你瞄上。"这话不无道理，不然，就不会有"老运动员"这一说了。

1958年春天，章桂终于再次被惦记上，一顶"右派"帽子顺顺当当地戴到了头上。九十岁的章桂至今一脸茫然，他说："我只不过和大家一样，随分从时参加运动，既未写大字报，也不发表什么言论啊。"可就是奇怪，等到某一天宣布本系统右派分子名单时，章桂竟然"榜上有名"！

这样的错案，其实历史早已揭迷。但是九十岁的章桂仍然想不明白：第二回了！有这么硬装斧头柄，平空污人清白的么？

既是右派，就不能在原单位上班了，章桂被发配到离重庆约有三百华里一个名叫南桐矿区的地方当农民。妻子凤珍不放心章桂，要求全家同去，但是上面不批准。上面掌握政策，要把右派分子和他的家属严格区分开来。

在南桐矿区做农民章桂不怕，他说他本来就是农民么，只是惦记家里。他不能想象他走之后，妻子一人带了六个孩子（这时已经有六个儿女了）日子怎么过。

果然，在南桐矿区待了五个月后，有一天章桂收到了大女儿明慧的来信。十二岁的女儿信已经写得很像样子了。她告诉父亲家境是如何的窘迫，说常常吃不饱肚子，常常挨饿。说娘像疯了一样，也不做饭，每天出去排队买面包。说家里没钱，像样一点的衣物差不多都卖掉了。说自己在学校里遭人歧视，遭人欺侮。说娘常常搂着他们哭上半夜……

信上稚嫩的字迹，每一句都像利箭，刺在章桂的心上，他的心汩汩流血了。他晚上整夜整夜睡不着觉，思来想去，最后做出一个大胆的决定：离开南桐矿区，离开重庆，回浙江老家去！

1958年这个年份，正是"三面红旗"高高飘扬的时候。报上宣传人民公社是"一大二公"，有报道说浙江农村几年内将大步迈入共产主义，还说所有的乡村办起了公共食堂，已经实行吃饭不要钱了。章桂就想：既是吃饭不要钱，肚子问题就解决了，生活就有了基本保证，其余再苦再累也无所谓了。

九十岁的章桂说起当年的想法，对我说："那时只有一个朴素的念头，做农民有什么，自己本来就是农民。'日出而作，日入而息，凿井而饮，耕田而食，帝力于我何有哉！'"

就是出于这么一个朴素的念头，右派分子章桂决定带领全家八口回浙江老家去。人一旦放弃一切，就什么问题都不存在了。他不再去看别人脸色，在某一天早上不告而别，就擅自离开了南桐矿区，回到了重庆百子巷的家里。

百子巷和红球坝一样，也是当时重庆市的贫民区，住家基本都是穷人。章桂租住的是一幢老房子的二楼，只一个房间，大小八口吃喝拉撒挤在一处。在已有去心的章桂看来，这房间是一天也待不下去了。

章桂卖掉了家里大部分的衣物、家具，又去搞来一根又粗又硬的毛竹扁担。家里东西已经很少了，可是破家尚有三车垃圾啊，这一样舍不得，那一样也舍不得，要带走的东西还是装满了两只大板箱、四只大皮箱、四只小皮箱和几个包袱。剩下一张旧皮椅，带不走，也不想卖，他觉得该送给朋友，留个纪念。那天，他背着这张皮椅跑了不少路，来到新华书店宿舍楼，叩响了庄子良家的门。

来应门的是汪清。自从庄子良去世之后，汪清就一个人带着孩子艰难地生活，没有再婚。好在她已是书店职工，生活有基本保障。章桂把自己要回老家的事告诉了汪清，并把椅子交给她，说：“椅子虽旧，还可以坐的。”

汪清就哭了。这个非常非常善良柔弱的女子，她记着当年章桂给予她一家的帮助，说：“章先生，你看，我也帮不上你一点点忙。我……”

章桂安慰了她几句，不忍久留，就告辞了。

逃难第九站·石门

定乱由人兴，森然具冲漠。

——马一浮避寇述怀诗

41

离开重庆那天，是秋日里一个晴好的日子，就是所谓的秋高气爽。章桂挑着行李，妻子牵着儿女，依依地离开百子巷那幢破旧的老房子。邻居们纷纷跑来送行，一些大妈、媳妇还抱着凤珍失声痛哭。

章桂原本希望在1946年就能复员还乡的，想不到延宕十二年以后，在头上多了一顶帽子、生存遭逢绝境的情况下，才挈妻携子踏上归乡之途，那一种颓唐，那一种凄惶，不是语言所能表达于万一的！

但是，终于可以回到睽隔二十一年魂牵梦萦的故乡了，尽管凄凉酸楚，却多多少少有一丝摆脱的轻松，就像阴霾的天空漏出的一缕阳光。

生活了十七个年头的重庆，在章桂眼里突然变得陌生和荒凉起来。街上依然人来人往熙熙攘攘，但章桂一家已不属于这座城市了。1958年的重庆，生活资料已相当匮乏，商店虽然还坚持日夜营业，但人们已很难买到必需的生活用品。菜场里供应鱼、肉的铺子前排起了长龙，但许多人排了半天队，却买不到一条鱼、一片肉。

章桂一行像难民一样穿行在重庆的大街小巷，向朝天门码头走去。章桂肩上的毛竹扁担又粗又硬，还特别的长，八个大小箱子就这么一肩挑着，轻轻发出"嘎吱嘎吱"的响声。妻子凤珍背了个布袱大包，大点的孩子背着小的包裹，默默地跟在后面。就这么一家大小八口，一路走走停停，终于来到朝天门码头。

朝天门码头是重庆最著名的一个码头了，它处在嘉陵江注入长江的交汇口，气势很是雄伟。章桂一家歇下行李，坐在江边候船。这时，章桂眯起眼睛，望着脚下滔滔的江水，想起几年前他书店的仓库就在此地附近，不免有了隔世之感。

正自伤感，忽听背后传来一个女人呼唤他的声音。起初他还以为自己听错了，这种时候还会有谁来搭理呢？可是没错，是呼唤他的，而且那声音越来越近。章桂回过头去一看，就看到了一个非常美丽的女人。章桂当然一下就认出了，她是以前书店的一个朋友，名叫方克敏。方克敏是余杭临平人，临平和崇德是邻县，在重庆他们也算是半个同乡了。方克敏待人一向诚恳，他们之间关系一直很好。

方克敏说她是刚刚得到的消息，所以立刻追到码头来了。她说："章桂，不要回去吧。你听报上吹的，那都是假话。我知道的，其实农村很苦。"又说："你也不想想，天下会有吃饭不要钱这样的好事么？"

章桂苦笑笑说："也许你说的对。可是我已经没有退路了，我把家里所有东西全卖掉了。"

方克敏说："你拖了一大家子人到乡下，怎么过日子啊？我知道，现在农村是凭工分吃饭的，你家缺少劳动力，你自己又那么多年不做体力了，你能行？"

章桂说："克敏，谢谢你的好意。可我还是选择回去，那里再苦终究是家乡。我在重庆实在是待不下去了。"

方克敏见劝不转章桂，知道他去意已决，就不再勉强，反过来说了许多安慰的话。她还告诉章桂，她的孩子与明慧在一个学校上学，她就叮嘱孩子要和明慧好，要帮助明慧，不要去刺激明慧。

章桂很感激方克敏。就因为这个美貌的女人，许多年后，章桂回忆离去的那一刻，多少存有了些许温馨的亮色。

42

从朝天门码头上船，下行到汉口，大约要两三天时间。章桂一家坐的是便宜的三等舱。为节省开支，船上吃饭时，他们只买饭，不买菜，菜是自备的辣酱罐头。孩子们穿得还算体面，男孩穿着当时颇为流行的海军衫，很招人喜欢。章桂认为，孩子出门不能太过寒酸，这样要被人瞧不起的。几个小的孩子不懂大人的心思，沉浸在初出远门的喜悦中，蹦蹦跳跳地到各处舱房去玩。几次开饭后，有的旅客见他们困难，就主动买菜来给孩子们改善伙食。

船到汉口，已是第三天的中午。章桂把一家人安顿在江汉码头的一张长椅上，自己跑去买下一站上海的船票。排队买票的时候，章桂不由得想起1938年夏天，自己为了追随丰子恺，也是在这个码头买了张黄牛票，只身去桂林的往事，不禁感慨万千。那时他年方二十，尽管千里迢迢协助丰子恺一家逃难来此，总还是个"不识愁滋味"的翩翩少年。整整二十年过去了，他历尽磨难，拖了妻儿八口又来到此地，却有了凄凄惶惶"欲说还休"的中年况味，也正值"天凉好个秋"的季节！

望着一去不返的滔滔浊水，章桂心情开始平静下来。他想，汉口现在只是他此行的一个中转站，纯粹的中转而已。

他买好船票，先留下大女儿看护行李，将高度近视的妻子和其余五个孩子带到指定的上船码头，然后返回来搬取行李。

从汉口到上海大约又是两三天时间。船到十六铺，天色已经不早。一则回乡心切，二则心疼花钱住旅馆，章桂就叫了一辆黄鱼车，大大小小的行李差不多装满一车，人就跟着黄鱼车步行，从十六铺一路走到火车北站。

章桂一家跟着黄鱼车，走在上海繁华的马路上。装满高高行李的黄鱼车一颠一颠，颤颤巍巍，走得很慢。章桂一家跟着车走着，一边不时地东张西望。"迪格""哪能""侬""伊"，离开重庆后，第一次进入吴方言区，凤珍和孩子们感到又陌生又新奇，章桂则觉得分外的亲切——家乡近在咫尺了。

当然，章桂也感觉到了落魄的凄凉。这凄凉令他忽然想起，1948年他曾回过一趟上海。那是在他盘下三联书店后，到上海来进书。对了，也许就是这一趟进书，让国民党抓住了把柄，说他从上海偷运来赤色图书，将他投进了监狱。

那趟来上海，当然和今天不可同日而语，尽管经济也不宽裕，却是坐飞机来的。他记得很清楚，他是在重庆珊瑚坝机场上的飞机。珊瑚坝是长江中的一个小岛，机场设在小岛上，这让章桂感到非常稀奇。

那趟航班是去南京的，到南京已经很晚，是南京中华书局的王子刚经理请章桂吃的晚饭。吃过晚饭，他坐夜火车去上海，到上海刚好天亮。

他在上海从开明、北新等书店采购了一批图书。上海的一些朋友非常好客，一定要留章桂盘桓几天，于是办好托运之后，他就在陆梦生家住了下来。

几天里无非朋友们作东，今天这家请吃，明天那家请喝。北新书局的徐氏兄弟还匀出工夫，陪章桂各处走走。

离开上海回重庆，他抓住机会回了一趟老家。章桂记得，他还特地去了唐家浜外婆家。那时外公已经去世，外婆生活非常困难，连床铺也没有，睡在稻草堆里。章桂见外婆生活得这么糟糕，暗自流下了眼泪。尽管身上带的钱已经不多，但他还是为外婆剪布做了几套衣服，置了一床被褥，以致他到杭州时已是阮郎羞涩，回不了重庆。幸亏开明总经理范洗人有言在先，说："章桂要钱你们只管给他，开个支票，让他签个字就行。"章桂就找到杭州"开明"，借了一笔钱回到了重庆。

想起往事，章桂不由长长地叹了一口气。

一行人到达北站，早已是夜色苍茫，路灯也一盏一盏亮起来了。车站里有些杂乱，昏暗的灯影里只见人头攒动。他们很容易就找到一张靠边的长椅，一家人安顿下来后，章桂就去买车票。买到车票，等于到了家门口一样，心情轻松不少，章桂又出去买些面包来解决晚餐问题。吃饱之后，长椅权作床铺，一家人就半倚半躺胡乱睡了。章桂够累的了，却不敢睡死，他得睁一只眼照看那些行李，虽然那些行李也不值什么钱。

第二天早上拖儿带女地上车。这趟车旅客不多，他们很快就找到了自己的座位。他们坐的当然是"普客"，每个站都停，好在不急，孩子们很有兴趣地趴在车窗边看风景。火车一路走走停停，直到下午二时许才到达长安镇。

长安离石门湾只有二十多里水路，到了长安就如同到家了一般。近乡情更怯，章桂的心里不免有些复杂。他们赶上了末班轮船，因此，一个多小时后，这一家人已经走在石门湾古老的石板街上了。

小镇市头短，才三四点钟光景，街上已经行人稀少，一些店铺在等待打烊了。

回到石门湾其实不能算到家，还得寻一条便船去曹家桥。但此时早已落市，乡村里来出市的农船都已回去了。不得已，章桂一家只好在石门镇上再耽搁一夜了。上哪儿过夜呢？章桂想来想去只好去打扰蓉赓家了。

丰蓉赓即丰桂，她是丰嘉麟先生的女儿。章桂在丰同裕这几年，与蓉赓一家很熟。蓉赓的母亲，章桂叫她三婶妈，三婶妈一向对章桂很好。落魄还乡的章桂也顾不上脸面不脸面，只好硬起头皮上蓉赓家借宿一晚了。

石门湾已非旧时模样，从前的许多楼房老屋不见了，代替它们的是一些简陋的平房甚至草房。后河木场桥边的丰同裕旧宅和缘缘堂已不知去向，呈现在眼前的是一片断砖残瓦的废墟。打听了附近的居民才知道，蓉赓家已迁居马家桥了。

蓉赓一家热情地接待了章桂一家，三婶妈准备了一桌算不上丰盛，但十分充足可口的晚餐。这哪里是一顿晚餐，分明是一席充满人情美味的盛宴啊！章桂眼里闪着泪花，他的心里溢满了感动和感激。

第二天早上，章桂到北河口去寻觅便船。几十年在外，一旦回来，家乡所有的习惯、气味一下子在章桂身上复活了，就好像他根本没有离开过似的。章桂知道，八泉、五泾一带来石门湾的农船，一般都停在北河口。他想，要是凑巧碰上曹家桥的船就好了，如果没有，庙头村和陆家埭的也行。但是没有那么巧，事实是既没有曹家桥的，也没有庙头村和陆家埭的。船倒是有一条，是安兴汤渭头的。汤渭头村在曹家桥东面，本来不能算顺路，但是因为没有别的船，所以只好跟这条船商量了。这是一条半新的木船，是到石门籴粮食的，现在粮食已经卖完，正准备回去。

叙起来大家都是知道的。汤渭头的人说："好的好的，你们过来吧。"一口就答应了。于是章桂回蓉赓家搬取妻儿。道谢之后，一家人到北河口上了汤渭头的木船。

船过五行泾后，去汤渭头是要一径往东的，现在因为要送章桂一家，得往北兜一个大圈子，但是汤渭头的人很热情，说："没关系的，没关系的，我们到曹家桥弯一弯好了。"章桂是既感激又不好意思，一定要付一点"辛苦费"，但汤渭头的人执意不肯受。

船到曹家桥村已近中午，扳梢之后，船就慢慢停靠在了曹家桥边。

曹家桥村是以桥得名的，桥也就成了村子的中心。桥边一条不算街的街，街上有几家小小的商店。正午时候，农民歇晌，小学生放学，因此街上人来人往有些闹热。像曹家桥这样的深乡下，平时生活单调，难得有新鲜的事吸引人的眼球，有时谁家一口猪跑出来，掉到河里，也会引来不少人围着傻看。现在忽然见桥边停了一只船，船上坐了好像有七八十来个人，又有那么多行李，便纷纷围拢来看热闹。他们一边看，还一边指手划脚地议论说："是来戏班子了吧？"

乡村里总是戏荒，来了戏班子，就意味着有戏可看了。最开心的当然是小孩了。小孩子一听来了戏班子，就拍着手喊起来："做戏了！做戏了！"

但是老年人很快认出来了，说："不对呀！好像是章桂，占奎家的章桂。是章桂。章桂回来了。"

章桂拖家带口站在自家门前了。虽然章桂知道面前这间房屋是自家的老屋，可是破破烂烂得已经不成样子。门上一把铁锁早已锈蚀，门窗也已腐朽得七穿八洞了。拾起一块断砖，给了铁锁一下，"咔"的一声，锁就掉到地上。推门进去，一股陈年的阴湿霉味直刺鼻翼。抬头望望屋顶，天就在梁椽间闪烁发光。忽然退堂里钻出一只老鼠，呆了一会又钻进去了。看来，这老屋不修缮是根本无法居住的。这时邻居大伯过来了，他请章桂一家暂过他家去歇脚。

对于老屋不能居住这一点，章桂事先是意料到的，他在和大队联系回乡的信中已经提及此事。大队回信表示同意他回乡，并且承诺住房问题大队给以解决。尽管如此，章桂一回来还是先到老屋，他想如果老屋可以将就，就不麻烦大队吧。现在看来只好请大队安排了。

章桂让妻儿暂在邻居家休息，自己马上去大队部所在地的庙头村。虽是中午休息时间，大队的几位领导却都在，其中一两个年纪大一点的还认识章桂。支书说："章桂你回来了，回来蛮好。房子一会叫人给你腾出来，就在附近，是一处改掉的地主房子，蛮宽舒的，住八口人，没问题。"

章桂听了，心情一下开朗起来，就千恩万谢地谢过支书，回曹家桥去取户口本，准备办理户口迁入手续。心想，户口一落入，就可以去看房子了。

章桂兴冲冲地拿了户口本重新来到大队部。

当时，办理户口迁移这事归大队会计负责。那时候人民公社以大队为基本核算单位，会计一职非常重要，所以一般都由大队支部委员担任。办理户口这件事，政策性很强，所以也由会计兼管。

会计的职权这么大，因此他的眼睛就长得有些高。会计接过章桂递过去的户口本和户口迁移证，先看户口本，一页一页看过去，没有几页，纵然细看，也用不了三分钟。他放下户口本，拿起迁移证。迁移证只有一页，但字多，看的时间长一点不奇怪。看着看着，会计的眉头蹙了起来，说："你是右派啊。"

迁移证的备注一栏写着：该人系右派分子。

章桂没吱声，他低下了脑袋。

会计说："右派，这房子就不好安排了。"

这倒没有料到。其实应当料到。章桂垂头丧气地离开大队部，心想：这可怎么办呢？

最后还是堂大伯解决了他的困难。堂大伯说："一笔写不出两个章字。我反正一个人，你们就住到我家来吧。——真真作孽哟！"

43

堂大伯家也不好算宽舒的。农村里要囤粮，要看蚕，要堆放柴草，房子是不嫌大不嫌多的。堂大伯能接受章桂一家去住，也真是他的一片好心善心。他家是楼房，楼上有一间空房，章桂一家就在这间房里安顿下来。住下来的第二天，章桂就下地干活了。

就像章桂说过的，他本来就是农民，回乡后很快就适应了。但还有一个问题需要解决，就是子女的就学问题。几个小的还在上小学，村里有小学。问题在大女儿明慧。明慧在重庆时已经上初中二年级了，可是曹家桥没有中学，庙头村、五行泾也没有。明慧读书是很聪明的，学习成绩一直很冒尖。章桂知道珍惜女儿，也想为她择一所好的学校。他拿了转学证明去过桐乡一中、二中，学校方面见孩子的学习成绩很好，当然愿意接受，但一看"表格"直系亲属一栏，父亲是右派，就拒绝了。

最后，章桂只得到石门中学去赌赌运气。心想如果再不行，只有对不住女儿，让她辍学参加劳动了。

也算是侥幸吧。当时石门中学的校长也刚刚戴上右派帽子靠边了，新校长还未到任，其余几位领导班子人员都不肯作主，因而章桂就直接去找初二年级的班主任许均铎老师。

章桂知道，如果许老师肯接受章明慧，是很有可能要担政治风险的，所以许老师不接受，他也决不怪他。但是许老师接受了，毫不犹豫地接受了。许老师对章桂说："老章你放心，不能误了孩子的学业，别人不收，我收！"

简简短短几句话，真是金玉一般啊。章桂的心一下被说暖了，也被说酸了，眼泪管不住，就刷一下滚了下来。他连连说："谢谢许老师，谢谢许老师，谢谢……"

章桂一家就这样在老家生活了下来。全家八口主要靠章桂一个劳动力，而且他还拿不到全劳力十个工分，只能拿七分半。妻子是高度近视，又从小在城市里长大，根本不会农活；再说一家八口人的衣食也够她操劳的了。吃饭不要钱是实行过的，但时间很短很短，现在是吃饭凭工分，所谓的按劳分配。不管怎么样，章桂一家再艰难，日子总算过下来了。

谁知过了没几个月，发生了一件意外的事情。这件事情给这个家庭带来了很大的麻烦。

妻子凤珍不是高度近视么？有一天下午，她发现马桶满了，就打算拎下楼到屋后的粪坑去倒掉。她拎起马桶没走几步，忽然脚下一绊，人一摇晃，摔倒了，马桶也跟着倒翻。楼下是大伯的房间，可想而知，这会造成什么样的后果。凤珍慌了，赶紧爬起来奔到楼下。

一进大伯房间，果不其然，只见大伯的床上全是粪汁，一床丝绵被算是完了。

怎么办呢？凤珍想到了拆洗。对了，赶紧拆洗也许还可以补救。她迅速找来剪刀，拆开被子，揭下被面，把沾了粪水的丝绵一绺一绺地扯下来，打算洗净晒干后重新翻进去。

正这么紧张地工作着，大伯忽然回家来了。大伯这么巧回来，其实也不是巧，今天干活的地块离家近，"吃烟"①时回家转转是很平常的。大伯见凤珍在拆他的被子，误以为这女人眼皮子浅，偷他被子里的丝绵，就非常气愤，一句话不说就往外走。凤珍还以为她惹下的祸叫大伯生气了，就赶上去一个劲地解释。凤珍不是广东人么，她说的话大伯根本就听不懂。比比划划说了半天，大伯才明白是怎么回事。

事情是搞清楚了，但是堂大伯心里有了多嫌的意思。或许他早就多嫌他们了，只是不好明说，现在找到了多嫌的理由。也是啊，本来一个人清清静静生活惯了，骤然来了那么一家大小八口人，那会带来多少有意无意的生活磕碰啊。应该说，生活总是由大大小小的磕碰组成的，普遍的烦恼便由此产生。几个月来，堂大伯大概是受够了，他向章桂明确表示了让他们搬走的意思。

说起妻子的眼睛，九十岁的章桂苦笑着说："近得实在出格。也曾陪她去'毛源昌'配过眼镜。一验光，老验光师连连摇头说，他替人验了一辈子光，还从未见过有这么深度的近视，

---

① 工间休息，杭嘉湖一带农村叫"吃烟"。

根本无法配镜。打个比方，跳远，再厉害的运动员总该跳在沙坑里吧，可她跳出沙坑外边了。"章桂说："她出门一定得有人扶着，否则就要跌跤。"

当然，章桂也知道，长期住在堂大伯家也总归不是个事。现在既然老人发话了，就不好再赖在那里了，但又没有其他可搬的地方，章桂只好搬回自家的老屋。老屋虽然破烂，其实不小，九路头①呢。章桂捡了些木头和断砖破瓦，讨了些砻糠和成泥浆，把破屋修补一番，一家人勉强住了进去。

44

章桂白天到地里干活，干一天活挣七个半工分。后来有人代抱不平，说："你们是男劳力，桂伯也是男劳力，他跟你们做一样的生活，你们挣十分，他为什么才七分半？不公平。"

其实谁都知道，不公平是因为章桂头上有一顶右派的帽子。明明知道，还要"杀白血"②，这就是生活之树长青的一个理由吧。生产队也觉得有些过了，后来给他增加半分，评成八分。半分虽少，但毕竟增加了。这同时也算在人权上（不是人格上）得到的一点点分额上的进步。也因为有这一点点进步，不久章桂

---

① 民间对房屋大小的大概估算。一根梁的进深为"一路"，"九路"即有九根梁的进深。一所"九路"的三开间房屋，面积约为一百余平方米。

② "杀白血"，即抱不平。

又兼任了小队会计，再次增加了收入。几年后，他把这个位子"禅让"给了女儿明慧。

章桂再怎么争取增加家里的收入，因为基础太低，生活还是非常困顿。虽在老家，亲戚们却指望不上。章桂回家后，不是没想到过他的两个亲人，一个姐姐，一个妹妹。姐姐嫁在唐占基村，听人说家境非常不好，章桂也就打消了求助的念头。妹妹先是嫁到东浜头村，婚后不久，丈夫就被日本人杀害了；后来再嫁在本村，丈夫是许世成的孙子，外号叫胡蜂阿大的。许家家境不错，但妹妹做不了主，胡蜂阿大从不拿章桂当大舅子看，不肯帮助，一点也不肯。钱物上不肯，劳力上也不肯。举一个例子：一次生产队分柴草，章桂那天正好生病，在家躺着。别人都把柴草挑回家去了，章桂就托人去央胡蜂阿大帮个忙，但他不肯，结果还是别人帮助挑回来的。胡蜂阿大是生来冷漠，还是因为章桂是右派，他要划清界线，不得而知。

章桂在老家，人人都知道他是"右派"，属"四类分子"，人格上得不到起码的尊重，不管老小都直呼其名。却有一人例外，此人名叫朱克明，是五行泾集镇上的一位医生。朱克明医师在五行泾一带是出了名的有些傲，口碑不是很好，但他对章桂却非常尊重，一直称呼他为"章先生"。有一度章桂患了便秘，请他诊治，他极是尽心，甚至亲自为之抠粪。这让章桂非常感动，却无以为报。后来知道这位朱医生喜欢书画，章桂就把自己收藏的书画全部送给了他，其中就有陈之佛的一幅花鸟，丰子恺的一幅漫画。章桂记得，丰子恺这幅漫画是幅写实的漫画。1945年8月14日，日本投降的消息传来，举国欢庆。那天晚上，章桂在沙坪坝丰家，因为兴奋，他用双手将年幼的新枚举了起来。丰子恺即兴把这一情景画成一幅漫画，并把这画送给了章桂。

章桂在生产队里一年到头拼死拼活地干，年终结算，扣除粮食、柴草之后，还要倒找队里几十元钱。20世纪60年代初，接连三年的自然灾害，一般农村人家粮食都不够吃，而要以所谓"瓜菜代"来解决，章桂家不用说更加困难。他们家时常揭不开锅，揭不开锅，就只好挨饿啊。

有一天，天将擦黑的时候，章桂家后门的河浜里划来了一条划子船。划子船在河滩上刚一停下，划船的就迅速跳上岸来。那人怀里揣了一样东西，三脚两脚就进了章桂家后门。这人叫蔡大妹，是给生产队放鸭的。

蔡大妹进屋后，将怀里揣着的那样东西掏出来，放到桌上。这东西用粗蓝布衣裳裹着，扁扁圆圆的，形状好像砧板。蔡大妹揭开衣裳，只见这东西由灰黄色的粗粒压成，原来是一张糠饼！糠饼是配给鸭子的饲料，那时人都吃不上啊。一点不夸张，饥饿年代，一张糠饼就能救活一家人的命。对此时的章桂家，这张糠饼无疑是雪中送炭，甚至超过雪中送炭了。

蔡大妹对章桂说："给孩子们垫垫肚子吧。"

章桂一时不知道该说什么。

蔡大妹说："桂伯，你太老实了。别人都上鸭棚拿糠饼，就你不来。你这么多孩子，没一口吃的怎么行？"

章桂说："我……我……"

蔡大妹说："告诉你不得，大队干部半夜三更到鸭棚来杀鸭吃呢。——就许他们干部吃鸭，不许社员吃几张糠饼？"

章桂说："我……我……"

蔡大妹说："桂伯，你啥也别说了。过几天，我再给你送一张来。"

眼见又将是年终了，生产队的结算还没有出来，但是口风已经吹过来，章桂家又是倒挂。倒挂横是年年要倒挂的，但这年的缺口更大，说是要大几十元呢！章桂真不知该如何应付了。

正在愁肠百结时，忽然有一天，好像天外飞来一样，章桂破天荒收到了一张汇款单。一看汇款人：王子澄！章桂简直不敢相信这张汇单是真的。

事后章桂才知道，光明书局经理王子澄久无章桂消息，就到处去打听，可就是打听不到。后来想到章桂的岳父周润波，便去信广州询问，这才知道章桂一家几年前就回到老家，而且景况非常不好，于是就给他汇了三十元钱。60年代，三十元钱是一般工作人员一个月的工资，相当可观了。

不久，朋友们陆续知道了章桂的处境，也都纷纷寄钱来，二十元三十元不等。这可帮章桂家解决大问题了，除了还清生产队的倒挂账，可以过一个像样的年了。孩子们脚上的袜子早就补丁驮补丁了，这回有了钱，新衣服做不起，新袜子总该穿上吧。

章桂就到村上的小店买袜子，每个孩子两双，买一打。商店的营业员也都是熟悉的，以为他买那么多要去贩卖。

这以后好像成了惯例，每到年底，章桂就会收到朋友们寄来的近两百元的接济款。是友情帮助章桂度过了一个又一个难度的年关。几年中，给章桂寄钱的除了王子澄，还有新中国成立后任上海出版局局长的方学武，新亚书店经理陈邦桢，巴金的五弟李济生等。最叫章桂铭感于内的是马一浮先生，马先生也委托他的学生王星贤给章桂寄钱了。九十岁的章桂如今提起这些来，就禁不住泪光闪闪，他说："我铭记着朋友们的恩德呢。可是我无以为报啊！"

朋友们的慷慨解囊，让章桂感恩戴德。与此同时，也让他生出一股怨尤。他思前想后，心潮起伏，怎么也难以平伏。他几次克制自己，告诉自己应当记住这个人的恩德，体谅这个人的心情，可是他终于还是做不到。在最最困难的时候，章桂曾经给他写过求助信，但是泥牛入海，没有回音。现在朋友们主动帮上门来，连马一浮先生也伸出援助之手了，你怎么可以无动于衷呢？那仅仅是钱的问题么？

章桂终于按捺不住自己，他给那个人写信了，仿佛有谁牵着他的手似的。信的内容大致为：

你说"团圆骨肉几家有？天于我，相当厚"。我认为天对你不一定厚，那是我们很多人，包括平玉、丙潮、我，还有车汉亮等帮了你。没有我们帮你，你一家大小十余口人，能从石门湾千里迢迢到江西到湖南到四川到广西？我与你也算是患难与共，生死相依了，如今我遇到这么大的困难，连马先生都不忍心，援手相助了，你就一点同情心也没有么？

想当初，不是你亲口对我父亲说，保证带我一同回来的么？可你却违背诺言，一个人带了家眷回来了。我在重庆是举目无亲啊。后来吃了国民党的官司，解放后又吃了共产党的官司。我的父亲病危，阿姐写信让我回去。我先是答应端午回去，后来又答应中秋回去，可是我回不去啊。除了没钱，还没脸啊！

我父亲憋着一口气一直在等我，他要见他的儿子，这口气就不肯下来。可是我最终还是没有回去，他绝望了。那年八月十七，他走了。他是含恨离开人世的。他一定非常痛恨我这个说话不算话的忤逆儿子的。回乡以后，我借堂兄炳荣家的祭桌祭奠我的父亲，我泣不成声啊！

慈伯，我现在跟你说这些，并不是怨你，而是要告诉你我的难处。

慈伯，难道你真就这么忍得下这颗心么？

信寄出之后的几天里，章桂不免有些后悔，因为毕竟他深深爱戴着丰子恺，知道他是个好人。人都是这样的，愤激之气上来的时候，会不顾一切冲动行事。等到事后想想，便后悔不迭，其实是行事本身把这气释放了。九十岁的章桂对着高天说："我知道，慈伯其实是'舌甜'我的，我知道的。"

大约两个星期之后，章桂收到了一封寄自上海的信。那自然是封回信了，不过写信人不是丰子恺，而是丰华瞻。丰华瞻的回信，措辞也相当不客气，大意是：

> 你既然当我的父亲如你的父亲一样，那么，他现在年纪大了，做子女的应该孝敬父母才对，你怎么可以埋怨他没有照顾你呢？你说你与父亲患难与共，你是谁？我父亲又是谁？你怎么可以与我父亲平起平坐？我父亲当你子侄看待，你理应孝敬长辈，你居然反而要长辈来帮你？现在你已成家立业，我们做子女的都很孝敬父母，你也应当孝敬二老才是。

九十岁的章桂说："华瞻的指责，有一点是站不住脚的。我认为人与人在人格上是平等的。"但是，章桂忍受了。心里也平静了。平静得有道理，也没道理。

《红楼梦》第四十一回，贾母带刘姥姥一群人到栊翠庵。妙玉私下里招待宝钗和黛玉吃"体己茶"，宝玉偷偷跟了去。妙玉给钗、黛使用的茶杯是一"𤫫"一"点犀"，却拿了一只前番自己常日吃茶的绿玉斗来斟与宝玉。宝玉就笑着说："常言'世法平等'，他两个就用那样古玩奇珍，我就是个俗器了。"

这虽是句玩笑话，却也道出了世俗生活里人与人存在关系的一般方式。"世法平等"，跟"齐物""不二法门""假作真时真亦假"一个意思，是拒绝人间权力操作下的概念统治，天然地打破尊卑、贵贱等各种等级观念，平等地对待一切生命。但是非常遗憾，在很长很长长到几乎是永远的一段现世里，这样的目标恐怕是难以达到的。

只要世上"尊卑""贵贱"这样的观念存在一天，"打破"无疑是痴人说梦。但是话又得说回来，"世法平等"总归是人类本性的一个诉求，尤其是对立两极中处于"卑""贱"一极的，他们的灵魂总会时时发出不平的抗争。

【同期声】

第74页［按：初稿页码，即本页］上的事，我略知一二。章桂哥写的信有两封。第一封是生活困苦的求援信。父亲当时确实没有接济他。可能回了信，也可能是华瞻哥代笔，也可能没回信。我不清楚的事不好随便说。不过当时我也不是小孩了。我心中有点想法，觉得人家怪可怜的，毕竟交情不浅，其实帮他一点也无不可。不过我们家乡有句话："救急不救穷。"我家因为父亲用钱一手来一手去，确实也无余款。况且这是父亲的事，我不便插嘴。谁料后来章桂哥又来了一封信，把父亲大骂一通，而且把一切都归咎于父亲没"带"他回来之故。这就激起了父亲极大的反感。当时的信我没看。不过我一是同情章桂哥的穷困无助，二是惋惜他来势太快。其实我父亲有时多想想会回心转意，会汇钱去的。父亲自己也说："我本来倒是想汇的，被他这样一骂，我就不汇了！"这一切我还记得清清楚楚。所以章桂哥的性格还是太火爆。不过我们不是身历其境，怎能说风凉话！况且他在抗战期间对我们家的帮助确实是功不可没。我很同情他。两年（？）前我到桐乡主动到他家访问时，曾就此事向他致歉，不知他可记得？总之这件事我感到确实对他抱歉。

——丰一吟批注

45

关于和丰子恺之间的龃龉，几十年来章桂也在时时检讨自己。他仔仔细细地想过来又想过去，一遍一遍地梳理，只有一件事情他认为有可能对他们不起。

自1942年8月章桂跟随丰子恺去重庆进"艺专"工作后，每年农历正月初三这天，无论多忙，他总要回沙坪坝丰家，因为这一天是他的生日，慈伯和姊妈会特别做几个菜为他过生日。记不清哪一年了，章桂在大年初一得到王吉人的死讯。王吉人原是中华书局太原分局的经理，抗战爆发后也逃难来到广西柳州。王吉人那时已四十多岁，却与章桂特别有缘，两人结成了忘年之交，可说是情谊深厚。猛然听到王吉人死讯，章桂非常悲痛，他差不多哭了整整一夜，第二天就病倒了。因为心思都在死者身上，一连几天都缓不过劲来，就把过生日这事给忘了。事后章桂才知道，那天慈伯和婶妈一直等他到很晚很晚。他的失约让慈伯非常生气，他再三解释了，可是没用，从此丰家不再给他过生日了。

章桂的检讨也许不无道理，但我看也不尽然。的确，人与人之间有许多说不清道不明的东西，那是因为人有许多说不清道不明的情感丝缕。这跟道德什么的扯不上关系，纯粹是人秉性里带来的非常隐秘的情感因子。撇开画家、文学家不说，丰子恺也是一个非常纯粹的人。他真诚坦荡，正直坚毅，人格绝对伟大。有一件小事，在丰子恺看来似乎不值一提，可是我一想起来常常会感动到热泪盈眶。

这事我是由丰桂老师的回忆知道的。丰桂老师的文字朴素平实，却有非凡的感染力。她是这样叙述的：

> 新中国成立时，五爹爹已经七十四岁，无事可做。（抗战期间他避难在农村，为了生活，收了几十个农民子弟，教《百家姓》《千字文》等古书，以维持生活。）其时子恺叔在杭州、上海，虽然自己经历八年抗战，子女又多，生活并不宽裕，但他还是记挂五爹爹，按月寄生活费给他。而五爹爹很节俭，每月给儿媳一定的伙食费外，还要省下几个钱给孙女明珍上学之用。逢年过节，子恺叔往往多寄点钱给五爹爹，但他舍不得用，就把多余的钱积在床前桌上一只小木箱中。木箱是终年上锁的，十几年下来，谁也不知他已积了

多少。

1960年左右，五爹爹已八十多岁，他身体已大不如前，但还是每天出门去跑跑，这是他的习惯，不跑路是不舒服的。据平伯（五爹爹的儿子）说：1962年，五爹爹已八十七岁，半个月不大要吃饭了，但还是要出去，不过跑得近些。后来跑不动了，平伯与平婶妈在晚上看他很不舒服，常常两人统夜轮流看护他。这时平伯夫妇也都六十多岁了，由于长期熬夜，眼睛都发红了。五爹爹呢，因为难受，常常想起自己年轻时在惇德堂当外科医生时，家中有砒霜，要平伯找找看，让他吃些，早日归天。平伯说："惇德堂早被日军烧毁，何来砒霜？"

有时五爹爹实在难受，做做手势，要儿子媳妇拿绳子来勒死他。

平伯说："爸爸，你已高寿，我们也六十多岁了，此事不是我们干的。"

总之，五爹爹无致命的病，一时归不了天，看他难受，也只有听其自然。

他在床上对平伯说："桌上之小木箱，你们要等我死后才可开。我死了，不必拍电报去子恺处，只要将我写好的信寄出就是。我的后事如何办？开了箱你们自会明白。"

不久，五爹爹去世了，平伯打开桌上的小木箱，内有一信写给恺叔：

子恺侄：当你接到此信时，我已和你永别了。谢谢你在我晚年给我的帮助，使我生活安定。我去了，你不必再寄钱来料理后事，因为我已在你历年寄我的钱中，积下办理后事的费用。再次谢谢你。愚叔云滨绝笔。①

需要再次强调一下的是，五爹爹丰云滨并非丰子恺的嫡亲叔父。这要从惇德堂的重建说起。据丰桂老师说，丰氏在石门湾有两处祖宅，一处在大井头，因为四落水，屋角翘起，状如轮船头，所以被称为火轮船房子；另一处就是木场桥西堍的惇德堂。惇德堂其实早在洪杨（太平天国）之前就存在的，但洪杨来时毁掉了。1938年被日军炸毁的惇德堂，是一座三开间三进的厅楼大宅院，那是后来由尚辉公重建的。因此，我们可以这么认为：尚辉公才是惇德堂的真正始祖。

尚辉公有三个儿子，长名丰岱，次名丰仑，幼名丰峻。按传统老屋的分家惯例是哥东弟西，但惇德堂分家稍稍有点不同，就是长、次分在左右，幼分在中间，即大哥丰岱和二哥丰仑分在两边，中间分给了三弟丰峻。这是为什么呢？因为第一进中间是店面，三弟丰峻要开染坊，所以变通一下，让三弟"居中"了。兄弟分家，争多论少，甚至为一口锅几张瓦拳脚相加的，丰氏三弟兄分得这么平静，可见是书礼仁爱之家了。

从尚辉公以下，到丰子恺一代，已经是第五代了。历来说，

① 丰桂：《惇德堂旧事》。

"君子之泽，五世而斩"。丰子恺是丰峻的曾孙，而五爹爹丰云滨是丰仑的孙子，虽然同是姓丰，算作堂份，实在相隔已经很远了。因此，丰子恺说五爹爹是他的一个远房叔父，因为同住在一个老屋里，天天见面，所以很是亲近。

丰桂老师的文章已经叫我们非常感动了，而丰子恺写于1972年的散文《五爹爹》使得这种感动更加重了分量。

分量来自何处呢？来自《五爹爹》通篇写了五爹爹一生的坎坷，一生的失意，一生的不幸，以及他的达观长寿。文章没有一个字提到自己曾经几十年如一日地接济、赡养过五爹爹。

五爹爹是丰子恺的远亲，他本来没有赡养义务，但他负起了这个义务。由于丰桂老师的文字，我们读到了《五爹爹》里的无字之文，感受到了丰子恺高尚的人格魅力。

那么回过头来看他与章桂的关系，又当如何解释呢？

其实世上有许多事情是无法解释的，人的感情、感觉尤其说不清楚。理性上通了，情感上不通；理性、情感都通了，意识、潜意识不通。久熟生嫌，至亲生分，恼羞成怒，戏言成仇，这些都不是什么好的词儿，可谁又能保证自己久熟不生嫌，至亲不生分，恼羞不成怒，戏言不成仇呢？再通达的人，也有固执的时候；再柔弱的人，也有发威的瞬间，就是俗话说的"煨蚕豆发芽"。人与人之间一旦裂痕生成，要完全弥合很难，即便双方都有悔意、诚意，要想百分之百地和好如初，实际上已经做不到了，就像痊愈的伤口，总会留下疤痕一样。很多这样的情况与道德不发生关系，这也许就是人类的终极悲哀吧。可是话还得说回来，对于大部分人来说，尽管有过一些裂痕，但是大体上仍能保持良好的关系，也就是说，芥蒂归芥蒂，友情归友情。我想丰、章之间，大体也是这样的情形吧。

46

事实上，此后章桂一直在努力改善他与丰子恺的关系，毕竟他终生爱戴他的慈伯和姆妈。有迹象表明，其实丰子恺也在努力，毕竟他是一个高尚的人啊。

"文化大革命"爆发前的几年里，章桂有过两次去上海的机会。一次是生产队通电了，要装电灯，但买不到电线，队里派徐有福去上海采购电线，要章桂陪同一起去。大约他们认为章桂见过世面，有些经验，上海又有熟人，万一有什么问题也方便解决。而所谓的熟人，当然是指丰子恺一家了。上海商店里有电线卖，但一次不能多买，他们就只好多跑几家商店，买够需要的长度。

另一次是大队组织几个生产队去上海卖番薯，指名叫章桂也去。那一次，他们将番薯船停靠在离外白渡桥不远的苏州河北岸，铺块跳板，在岸边卖番薯。那时自然灾害刚刚过去，粮食依然相当紧张。上海人见来了几船番薯，都提着篮子拿着袋子争相购买。在挑番薯上岸时，有小番薯掉到河里，几个贪小的上海人不顾手腕上戴着手表，争着抢着去捞取番薯。

这两次上海之行，章桂记得其中一次他抽空去了丰家。自1946年丰子恺带全家复员离开重庆，章桂还是第一次去丰家。那一次，婶妈要章桂陪她和陈宝、林先去南京路买东西。这就是说，婶妈还是拿他当小辈看，没有生分。这让章桂非常感激，因而非常开心。

他们买好东西从一家公司出来，走在一条比较冷清的街上时，遇见了几个小流氓。其时章桂走在前面，婶妈和陈宝、林先走在后面，那几个小流氓从弄堂里钻出来，企图调戏陈宝姐妹，婶妈就惊恐地叫起来："章桂快过来！"

章桂回头见了，立刻奔了过去。几个小流氓见有男人保护，赶紧跑掉了。

1966年"文化大革命"开始以后，报上有刊登批判丰子恺的文章，章桂看到了非常担心。他惦记慈伯，惦记婶妈，惦记他们一家，常常在家里念叨：不知慈伯、婶妈怎么样了？挨到这年的秋天，他再也熬不住了，决定亲自去一趟上海看看。那时他家没条件养猪，只饲养了几只羊和一群鸡。他就卖掉几十个鸡蛋，凑了路费去上海。

走前自然要去大队请假、打证明，大队干部一下就猜到了，说："你去上海，是上丰子恺家吧？"

章桂也不想隐瞒，说："我不放心，去看看婶妈他们。"

大队干部说："我劝你还是不要去的好。去，对你不利。"

大队干部也许真的是好心，但章桂主意已定，心想，什么利不利的，反正头上已戴了帽子，顶多再给一顶，一顶帽子是戴，两顶帽子也是戴。

在上海陕西南路39弄93号长乐邨的寓所，章桂见到了婶妈。婶妈比起几年前老了许多，人也有些憔悴，不问可知，那是为什么。见到章桂，婶妈又是意外，又是惊喜，当然还有一点点凄凉。她让章桂赶快进屋，又是让座又是沏茶。

那天，婶妈不提自己家的遭遇，倒是详细地询问章桂的情况。章桂就告诉婶妈近二十年来自己的景况，当然免不了诉说许多苦处。

婶妈听了很是难过，她说："我们晓得你苦，但还是不要讲它了。你就讲一点开心的事情吧，讲一点开心的事情。"

章桂想来想去全是痛苦的事情，哪来开心的事情呢？想了一会，他说："好在孩子们都苦大了，最小的明安也已经十岁。是了，大女儿明慧二十岁了，对象也有了，就要结婚了。"

婶妈一听就高兴起来，说："好啊，好啊。"

她立刻起身到房间里，拿来一条湖绿色的真丝围巾，说："也没有什么东西可以送给明慧，就送这条围巾吧。"

说了半天话，章桂终于问起了丰子恺。这是他此行的第一目的，刚才彼此好像都在有意回避。他嗫嚅地说："慈伯他……"

婶妈说："他身体不爽，在楼上躺着呢。"

章桂就上楼去看丰子恺。丰子恺侧身朝里躺着。章桂进去，说："慈伯，你好么？"

丰子恺慢慢翻转身来。

章桂见慈伯脸色枯黄，神情呆滞，心里忍不住一酸，眼里立时溢满了泪水。他重复问了一句："慈伯，你还好吧？"

丰子恺说了一个字："好。"

章桂自己在床边的一张椅子上坐下，一时没了言语。他不知道该对慈伯说些什么，问他的近况，怕勾起他伤心，不合适；诉说自己的艰难，当然也不合适，因而只好相对无言。这样默默地坐了一会儿，他让慈伯多多保重身体，就下楼去了。

婶妈要准备午饭，就朝楼上喊新枚，说："你章哥哥来了。"

丰新枚从楼上下来，见了章桂，说："章哥哥，你好。"

章桂连说："好，好。我来看看你爸爸妈妈。"

新枚说："好。"说完依旧上楼去了。

这是在非正常的气候里一次非正常的会面。章桂见到慈伯和婶妈状态还可以，此行的目的他认为算是达到了。可是照我的分析，章桂此行，潜意识里还应该有一个目的，那就是与丰子恺的情感和解。这个目的他达到没有呢？从丰子恺和丰新枚冷淡的态度看，似乎没有达到。但是，那是在那样一种政治气氛里，冷淡是时代的症候。再说，相对无言也是情感交流啊。这么说，他的目的还是达到了。章桂则坚定地相信：这一次，他与慈伯之间从内到外，从理到情已经全部和解了。

【同期声】

新枚根本不知情。他本来就是这种性格，不善言辞。

——丰一吟侧批

47

1975年4月的一天，章桂得到消息：丰子恺回故乡石门湾来了，住在南圣浜他胞妹雪雪家里。

丰子恺是1972年年底好不容易获得所谓"解放"的。一"解放"，他就想出门去活动活动筋骨，散散积年来的郁闷之气。——他实在是憋坏了！转年的清明，他由弟子胡治均陪同，去了一趟杭州，探望他的胞姐丰满，即满伯。在杭州与三姐欢聚之后，丰子恺自然想到了在故乡的胞妹雪雪。但是下一年，即1974年他再度遭遇"黑画展"，受到批判，故乡之行遂作罢论。1975年2月，石门镇革委会邀请老画家回故乡"参观"，于是最终促成了丰子恺同年4月的故乡之行。

我们已经知道，南圣浜是距石门湾西北三四里的一个小村子，和章桂家所在地的曹家桥村同属八泉公社。从曹家桥去南圣浜，比去石门湾近了将近一半的路程。章桂得到消息的当天就去南圣浜看望丰子恺了。毕竟上海一别，差不多又过去了十年。

丰子恺的神情比起十年前在上海见到时好得多了，他把章桂介绍给他的学生胡治均，并且说："我逃难时全靠章先生。"

我记不起哪位作家说的，说语言是一面多棱镜，同一个语词能折射出多重含义，甚至对立的含义。这当然不仅仅指文学语言，生活里的人也常常会说出这样的语言。

"我逃难时全靠章先生。"第一层意思是说出了一个基本事实。第二层意思是表示了感激之情。第三层意思，如果联系丰子恺与章桂之间曾经有过的不愉快，那么这句话在一定程度上可以理解为，对章桂表示一些歉意和追悔。第四层意思，在这样的场合，为两个第一次见面的人做介绍，使用"先生"这样的称呼，表面看是一种尊重，但仔细辨析起来，还是听得出比起从前的亲密，有了疏远的意思。

我的分析有没有道理呢？我不敢肯定。但是章桂告诉我说："慈伯对我的确比从前客气了。"而这种客气，让章桂觉得不大好受。

听了丰子恺的介绍，胡治均点了点头，连连说道："我知道，我知道，弟妹们跟我讲起过的。"

丰子恺问章桂："你吃烟么？"

章桂说："我不吃烟。"

丰子恺说："我也没有什么东西可以送你，我只有香烟。我就送你几包'大前门'香烟吧，你自己不吃，有客人来，可以招待的。"

那时候香烟是凭烟票供应的。江浙一带，一般人抽的是"飞马"和"利群"，"西湖"和"大前门"属于高档烟了。

丰子恺的外甥正东买了鱼和虾来招待客人，午餐是很丰盛的。

丰子恺说："我吃虾不吃鱼。"就对章桂说："你明天再来，吃鱼。"

【同期声】

丰公吃鱼的。

——丰一吟侧批

这是丰子恺对章桂发出的正式邀请。听得出，他是真的希望章桂再来。金庸说，一笑泯恩仇，但是没那么严重，只是想不出更恰切的话来形容了。宽厚地邀请别人再来，使别人感到高兴，感到轻松愉快，同样，自己也收获了高兴，收获了轻松愉快。丰子恺发出的邀请是真诚的。

不敢爽约，第二天章桂又去了。章桂的堂嫂，即丰子恺的远房堂妹七弟丰兰洲揸了好多饭镶糍，托章桂捎去送给丰子恺。章桂第三天还去，接连去了好几天，直到丰子恺一行离开南圣浜回上海。

章桂为何天天往南圣浜跑呢？不用说当然是想和丰子恺在一起，想多陪陪他，多和他说说话。其实他是想找机会和慈伯作进一步的沟通，让他们的关系回复到缘缘堂时代，回复到杭州皇亲巷、田家园时代，回复到离开南圣浜去桐庐去萍乡去长沙去武汉的时代，回复到在桂林在重庆沙坪坝风生书店的时代。这个机会似乎找到了，又似乎没有找到——几天里话说了不少，绕来绕去的好像总也说不到点子上。看来就是这样了。此情可待成追忆，只是当时已惘然啊。

令章桂怎么也想不到的是，南圣浜陪侍的这几天，竟是他和丰子恺今生今世的永诀！章桂没有机会了，丰子恺也是。人人之间的参商大抵如此，不免叫人遗憾，也叫人悲哀。这一年丰子恺七十八岁，章桂五十八岁。他俩相差整整二十岁。

逃难第无极站·重庆

风来晴雪异，时亨鱼鸟若。

——马一浮避寇述怀诗

48

1979年，章桂已经六十二岁。秋天，一个明媚的日子，章桂穿上体面的衣裳，和他的小儿子明安离开石门湾，踏上了去四川的旅途。他们不是去旅游，章桂这是送儿子去重庆工作的。

这年的春夏之交，重庆新华书店来人了。他们找到章桂，为他改正错划右派，恢复名誉，恢复工作，恢复民主建国会的会籍。历史跟章桂开了一个天来大的玩笑，在让他受了二十年甚至更长的磨难之后，仿佛又让他回到了起点。但是，他已经到了退休年龄，没有重新工作的机会了，好在政策允许，他可以把机会"禅让"给儿子。于是就在这年秋天，一个美好的日子，章桂送他的儿子明安去重庆了。

四十五年前，章桂跟随丰子恺离开石门湾，年纪比现在的儿子还小。情况也不同，那时是凄凄惶惶地逃难，风雨如磐啊；现在是堂堂正正送儿就业，风和日丽呢！算算四十五年前，费了多少时日，辗转了多少地方，遭遇了多少风险，经受了多少惊吓，这才到了重庆！今天多么快捷呀，一路毫无羁绊，呼啸着的火车仿佛眨眼之间就将他们父子带入了巴山蜀水。

山城友好地接待了这一对父子。重庆新华书店的经理杨文屏是老熟人了，他原是三联书店的旧人。见到章桂父子，杨文屏紧紧地握住他们的手说："老章，你亲自送来啊。"

小聚片刻，杨经理亲自为章桂父子安排到招待所，说："老章，你就多待几天，会会老朋友，去故地走一走。"

第二天，书店的党支部书记徐克扬到招待所来看望章桂父子。虽然章桂不认识徐克扬，但徐的父母从前也是干书店这行的，说起来也都是熟人。对徐克扬来说，章桂是前辈了，因此对他非常尊重，一口一个"章先生"。

徐克扬陪章桂父子到文化局报过到，对明安说："小章，你爸爸从前是书店的领导干部，你可得要从职工从头干起呵。"

这是对明安说的，其实也是对章桂说的。章桂心里明白，就笑了笑。

那天，徐书记非常客气，一定要请章桂父子吃饭，说是尽尽地主之谊。

就这样，明安很快上班了。章桂一方面还是不大放心，想多陪儿子几天，另一方面也确是想会会老朋友，到从前待过的地方走走，所以决定在重庆小住一阵。

章桂在重庆待了差不多有两个月。两个月里，章桂去看望了从前的一些同事、朋友，见到了曲润路、袁子凯、宋宇。宋宇是丰子恺次女林先的小姑，即林先夫婿宋慕法的妹妹。宋宇现在化龙桥的一所中学教书。见到章桂，宋宇哭了，说："章哥哥，你说说，我们有多少年没见了？"

去方克敏家，是在一个晚上，章桂特地带上了儿子明安。方克敏是1958年秋天章桂离开重庆时，特地赶到朝天门码头阻行的女人。见到章桂，这位昔日的美女百感交集，她对明安说："你一个人在这里不要想家。有什么事情尽管来找我好了，我就像你妈妈一样，会帮助你的。"

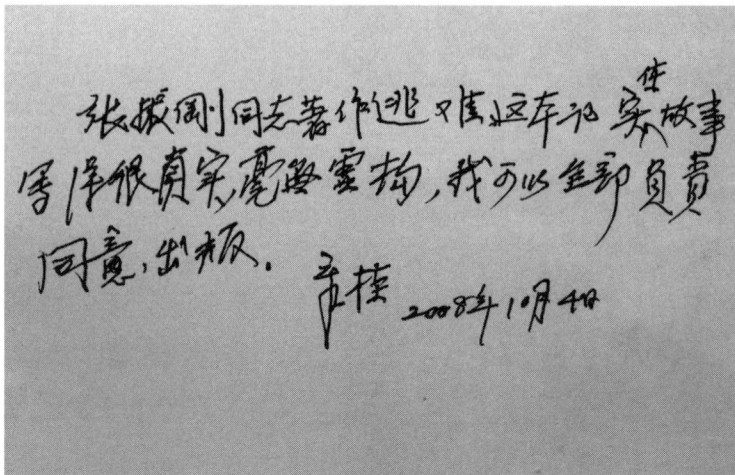

章桂手迹

两个月里，章桂去了不少地方。朝天门、沙坪坝、磁器口，这些地方，几十年了，变化很大。还有些地方简直认不出来了，浮屠关是全部拆掉了，连影子也没有了。面对那些曾经留下过足迹，洒下过汗水，流下过血泪的地方，章桂一时犯起了迷糊：这些地方是自己曾经生活过的么？

初版后记

　　连日的阴雨，今天放晴了。窗前那盆春天刚刚栽下的五彩绣球，经过雨水的洗礼，长出了好几片新叶。早晨，柔弱的阳光斜斜地打在嫩叶上，那些叶子便通体透明，成了片片晶莹的翡翠。枝头居然长出了两个花蕾，一个已渐渐开挺，趋向滚圆，花色为青蓝中泛着紫红；另一个依然骨朵着，蕾色在黄绿之间。这五彩绣球好似碧桃，同株而异花，但比诸碧桃另具一种庸常的妩媚，是我未曾看见过的。

　　花了整整一个半月的时间，我写完了这本小书，心呢就像窗前那盆绣球，烂漫莫名。

　　可是完成的喜悦持续没多久就消退了，代之而起的是犹豫。几位相知的朋友读过书稿后说出了我心中的疑虑：这本书能得到丰家人的认可么？

　　通过瑜荪兄，书稿去到丰子恺女儿丰一吟先生那里。不久前，经丰一吟先生披阅的书稿和一封对此稿意见的间接长信送回了我的案头。我被丰一吟先生的豁达感动了。丰一吟先生在信中除了"只是站在书中人物家属的立场上提出一些事实"供我参考外，也表示"对此稿的出版听任张振刚先生的意见较好"。她还说："我赞同张先生的一番话，大意是说：伟人并非没有缺点。对伟人不是要一味地歌功颂德，也不妨写他的缺点。——对这观点，我完全赞同，这样写反而真实。我还可以补充：即使写错了，也无妨，绝不会影响伟人在艺术上和总的人品上的影响！"这就重新鼓起了我出版此书的勇气。

我对书稿再次作了认真的修改，并且决定以"同期声"拼版的形式，将丰一吟先生的批注插在相关的段落，以求历史事实更加客观真实。

事实上，对同一个人同一件事有不同版本的叙述，是一件极其正常极其自然的事情。《搜神记》序里说："卫朔失国，二传互其听闻；吕望事周，子长存其两说。若此比类，往往有矣。"距今至少一千六百年前的晋代海盐人干宝就有这样的识见，何况现代的我们呢？

行文至此，不妨顺便提及两件事情。一件是民国廿三年即1934年的大旱，崇德县农民上县政府逼请县长毛皋坤求雨。据说毛是个很高傲又很注重仪表的人，平时不管什么场合，他总是西装革履，一丝不苟。老百姓要他披蓑衣，戴箬帽，穿草鞋，跪在大毒日头底下求雨，这简直是要他上青天，他至死也不干。于是农民们愤激起来，开始闹事了。毛一看没有办法，只好命令卫队开枪示警，平息事端。后来这事有了两种说法：一种说法是卫队放了一枪，打死了一个人；另一种说法是卫队放的是朝天枪，枪响之后，农民就吓退了。事情一直闹到省里，不久之后，毛县长也引咎去职了。还有一件事是有关丰子恺的。仍然是这位县长毛皋坤，一种说法是说1936年春天，毛县长专程去石门湾缘缘堂拜访丰子恺，丰子恺便在门上贴出一张字条："子恺有恙，谢绝访客。"拒不接见。另一种说法是，这件事根本就子虚乌有。

两件事各有两种说法，都有可能吧。作为历史，不妨并相留存。当然了，干宝还说过，"采访近世之事，苟有虚错，愿与先贤前儒分其讥谤"。我自然也非常赞成他的这一种态度。

张振刚

2008年6月15日

再版后记

2009年12月27日早上，天气沍寒，手脚冻麻，下了一夜的雪依然没有停息。我站在窗前，望着纷纷扬扬的雪花不知如何是好。这时，桌上的电话铃声骤然响起，冷不防吓了我一跳。

电话是章桂的小女儿明贞打来的。她说："张先生，我爸爸已在昨天去世了。"口气之平静，又让我吓了一跳。

明贞不等我作出反应，就咔的一声把电话挂了。我这才觉出她隐忍着的伤心，腿一软，一下跌坐到椅子里，心头立时浮出紫鹃姑娘说过的一句俗语：老健春寒秋后热。

九旬高龄的章桂，身体一直非常康健，晚年唯一的愿望，就是将他追随丰子恺的这一生写成文字，留存给这个世界。2009年5月28日，当我将装帧漂亮的繁体字版样书捧到他手上时，老人长长地吁了一口气，眼里溢满了泪水。激动之余，他说："我这一生最感激两个人，一个是慈伯，一个就是你张先生。"后半句说得言过其实，但足可见出他对这本书的渴望和满意。

从拿到样书到他去世，只有短短七个月时间。这仿佛暗示，章老一生的最后时日为的就是等待这么一本书。回想起来，早在2008年我采访章老期间，他曾几次对我说过这样的话："张先生，我这个人看来不会长远了。"2009年1月21日中午，他打来电话，更是明明白白告诉我，近日明显感到身体大不如前，说神经衰弱越来越严重，胃也很不好，说大去之日大概不会很远了，唯一的愿望就是能在有生之年看到此书出版。说话之间，情绪既沮丧又焦虑。我当然只有好言安慰，一边努力加快书的出版进程。

拿到书的一瞬，他如释重负地舒出一口长气，说："张先生，谢谢，谢谢，谢谢……"一连说了好几个谢谢。最后说："我——可以瞑目了。"

章桂心愿已了，放心地离开了这个曾经带给他许多灾难和痛苦的人世。其实，他还是太小看他自己了，他的这份口述，事实上比了却个人心愿不知要重大多少倍。

因为书是在台湾出的，许多大陆读者无法买到。于是，有上网查询的，有直接去出版社订购的，更有一位山东烟台城市建设学校的巩金春女士，居然将电话打到作者家里，请求帮助。书，不是畅销书，但自有喜欢它的读者。直到不久前，还有山西、北京两地三位读者网购了此书，辗转通过缘缘堂故居来请作者签名。

现在，简体字版的书也即将出版了。除了《逃难第三站·萍乡》一章有关曹聚仁的史实作了部分订正外，全书一仍其旧。

张振刚

2015年7月5日

三版后记

书籍都是有自己的命运的，一本书有一本书的命运。对于《逃难记》这本书，可说是命途多舛。一开始，有两家出版社认为书稿不错，可以出，但必须征得丰子恺先生亲属的同意。这让我犯起了嘀咕，犹豫再三放弃了。待到我终于想明白，并且得到丰一吟先生认可，出版社方面却以经济效益、市场前景堪忧为由，婉言拒绝了。

不得已，经朋友介绍改投台湾秀威出版公司。稿是投出去了，心想不见得会顺利通过吧，不料书稿发出的第二天就收到了主编蔡登山先生的回复。回复函很简短，八个字曰：十分精彩，立即出版。出版后的发行情况，再版后记已经说过，不赘。

2015年10月，简体字版出版了。出版后即刻引起有关媒体的关注。先是报纸发消息，接着，受著名的秀州书局现任经理闻星女士的邀请，于12月5日在嘉兴市图书馆举办以《你见过这样的丰子恺么？》为题的作者见面会。会上，我对此书的题旨作了进一步的解读，并现场回答了读者提出的问题。电台对此作了专题采访报道。2016年1月，又接受了《江南周末》编辑许金艳的采访，1月15日刊出以《小说家张振刚：能从事自己喜欢的文学创作，我感到很满足》为题的采访记。所有这些，都为此书的传播产生了一定的影响：受众面变宽了。

从反馈的信息看，此书得到了读者普遍的肯定。当然，肯定之中也有一些不同的声音。这些声音归结起来有两点：一是认为，由于此书的出版，一直以来大众心目中完美无缺的艺术大师形象，不免会稍稍受到一些损害；二是认为本书主人公章桂不该如此"直言谈相"，而应当为尊者讳，他这么做，那是"屙出良心"啊。应该说这些声音反映了一部分人回护艺术家的心理，是可以理解的。但是，事实最是无情，"人无完人，金无足赤"该是人人都懂的一个基本道理。丰一吟先生的大度，就是对这个道理的最好注脚。

现在浙江大学出版社即将出版此书的第三版了。这意味着，此书将在更广阔的阅读层面上寻找自己的知音，并且倾听他们的声音，接受他们的评判。这正是作者所深深期望的。

借此机会，我要感谢凤栖文化创意公司总经理张谷江先生，感谢他两年来为策划、推介此书所付出的辛勤劳动。也要感谢浙江大学出版社的罗人智先生，感谢他早在数年前就属意此书，由于他的执着，此书得以再度呈现在广大读者面前。

张振刚

2016年5月3日

附录一

丰子恺文章、日记、书信中提到章桂的三十处

（1）

"八一三"事起，我们全家在缘缘堂。杭州有空袭，特派人①把留守的女工叫了回来，把"行宫"锁闭了。城站被炸，杭州人纷纷逃去乡，我又派人把"行宫"取消，把其中的书籍器具装船载回石门湾。（《辞缘缘堂》）

（2）

晚快②，就同陈宝和店员章桂三人走到缘缘堂去取物。先几天吾妻已来取衣一次，这一晚我是来取书。……收拾了两网篮，交章桂明晨设法运乡。（《辞缘缘堂》）

（3）

章桂自愿相随③，我亦喜其干练，决令同行。（《辞缘缘堂》）

---

① 特派之"人"，即章桂。
② 1937年11月15日之晚快。
③ 时为1937年11月20日。

（4）

十一月二十一日①下午一时，我们全家十人和族弟平玉，店友章桂，共十二人，乘了丙潮放来的船，离去石门湾，向十里外的悦鸿村（即丙潮家）进发。（《桐庐负暄》）

（5）

两船②背驰之后，他③忽回转头来，向坐在我们的船头上的章桂叫问："喂！矮鬼子在什么地方？"章桂一时听不懂他的话，讨一句添。那兵士重说一遍："矮鬼子在什么地方？"章桂还是听不懂，回答他一个"不晓得"。（《桐庐负暄》）

（6）

我同平玉、章桂、丙潮四人跟着他④上岸，一边问他消息。（《桐庐负暄》）

（7）

我正在无地容身的时候⑤，平玉和章桂来了。他们带了一个船户来，要我同到某处去讲价。（《桐庐负暄》）

---

① 1937年11月21日。

② 丰氏逃难船与迎面而来的兵船。

③ 站在船头上的一个兵。

④ 停泊在拱宸桥的另一只逃难船上的熟人张班长。

⑤ 在六和塔下，遭小茶馆老板的驱赶。

（8）

于是我下个决心，托章桂（亲戚）半途上岸，回到桐庐山中，陪老太太乘汽车南行，预约在兰溪相会。（《决心——避寇日记之一》）

（9）

晚快①章桂从萍乡城里拿邮信来，递给我一张明片②，严肃地说："新房子烧掉了！"（《还我缘缘堂》）

（10）

近得安居于沙坪小屋，心情稍定。得吾婿慕法及表侄璋圭③二人相助，遂将日记付刊。（《教师日记·付刊序》）

（11）

十时四十分下课后返寓，途遇章桂。持医生信催我即刻赴桂。因吾妻力民在桂林医院患子痫症，要我去决定办法。……夜宿崇德书店章桂床中（章桂留乡）。（《教师日记》1938年10月24日）

（12）

昨彬然带来消息。吴敬生有车即日开宜山。请星贤即率眷赴

---

① 1938年2月9日的晚快。

② 明片，即明信片，是2月4日上海裘梦痕（丰子恺立达学园时的同事）寄发的。

③ 璋圭，即章桂。

桂林搭赴宜山。马先生之意也。星贤正病，强起独自赴桂林，商请缓日开车。如不成，即派章桂来接眷。（《教师日记》1938年12月13日）

（13）

星贤返，章桂同到。星贤已与吴约定十六日赴桂林，其车至早十七日开行。（《教师日记》1938年12月14日）

（14）

午同彬然从学校到车站，送王上车。章桂同行，一路照料。（《教师日记》1938年12月16日）

（15）

下午丙潮自桂林步行来此，云昨日桂林被空袭，崇德书店被毁，幸章桂、杨子才等勇敢抢救，损失尚不大……闻章桂、杨子才考别机关已被录取……（《教师日记》1938年12月29日）

（16）

得陈晓沧兄电，云下学期浙大师院拟聘我为讲师兼训导。此电在途十三天。明日章桂赴桂林，拟即托其覆电应聘。

章桂、丙潮均在我家。……章桂已受开明雇请，将在柳州服务，丙潮未定。（《教师日记》1939年1月8日）

（17）

陆联棠来觅船。我托学生义宁人李锡范、苏元章写介绍信，嘱陆派章桂持信赴义宁雇船。……我决计船行赴宜山，章桂去找船时，当嘱为定一大船，预定二月初起程。（《教师日记》1939年1月11日）

（18）

章桂自义宁返，雇船事失望。当地只有小船三四只，且因除历过年在即，都不肯开。（《教师日记》1939年1月17日）

（19）

章桂在两江觅船，不得。（《教师日记》1939年1月19日）

（20）

天小雨，与章桂冒雨赴永福。途遇学生张铭瑾，及其亲戚，四人同行。（《教师日记》1939年1月20日）

（21）

章桂邀同张铭瑾觅船，不得。（《教师日记》1939年1月21日）

（22）

天又雨，章桂觅船又不得。决定明天离此返两江。雇轿二乘，令力民新枚坐其一，阿先坐其一。吾与宝、软同章桂步行。（《教师日记》1939年1月22日）

（23）

陆联棠兄自桂林来，同章桂到圩雇船运货。（《教师日记》1939年1月26日）

（24）

六人在两江站候车至晚，不至。失望而返。大约桂林汽车发生问题，是以不果来也。联棠请在车站旁小饭店吃夜饭。此饭店乃站中小工合开，其人全然不知烹调，诸菜味同嚼蜡。联棠、章桂攘臂而赴，自赴灶上烧蛋。完全家乡作风。（《教师日记》1939年1月27日）

（25）

午彬然、丙潮联袂而来，章桂为厨师，办菜尚丰。……傍晚金士雄、陆剑秋、张阿康来，即日将偕章桂乘船押货赴柳州宜山。（《教师日记》1939年2月5日）

（26）

章桂、陆剑秋、张阿康三君今午开船押货赴鹿寨。吾托带网篮、竹凳去。（《教师日记》1939年2月7日）

（27）

今晨同士雄赴新圩雇舟。代雇者黎君，乃学生张铭瑾之戚，为言近日春水大涨，船行至鹿寨仅一日，至柳州亦不过三五天。并约一星期左右代为物色一大船。前章桂来信，言途中山

水甚奇。吾今已得舟，正喜不自胜。（《教师日记》1939年2月25日）

（28）

抵柳已晚九时。……十时曾宗岱偕章桂来。共赴市中晚餐。（《教师日记》1939年4月7日）

（29）

晨八时开车，宗岱、桂荣①来送别。（《教师日记》1939年4月8日）

（30）

我意你有书运来，可交章桂，或由他代售，或者由他托别的书店代售，均可。章桂生长我家，犹似子侄，对我甚是忠诚，最可靠也。（《致黎丁信》1943年11月21日）

---

① 桂荣，即章桂。

附录二

章桂逃难时间表

1934年春至夏　石门湾　丰同裕染坊学徒（十七岁）

1934年夏至1937年夏　随丰子恺寓居杭州

　　1934年至1936年　皇亲巷

　　1936年至1937年　田家园

1937年11月21日　随丰子恺一家开始逃难（二十岁）

1937年11月21日至12月21日　桐庐

1937年12月21日至1938年2月前后　萍乡

1938年3月12日至8月　汉口开明书店汉口分店　店员（二十
一岁）

1938年8月至1939年1月　追随丰子恺去桂林：

　　1938年9月1日至12月28日　崇德书店店员

　　1938年12月28日至1939年1月　桂林开明书店店员

1939年1月至1939年年底或1940年年初　柳州

　　柳州开明书店店员兼建设书店店员

上海杂志公司柳州分公司代理经理（二十二岁）

1939年年底或1940年年初至1942年8月　桂林

1939年年底或1940年初至1940年年底　东方图书公司店员

1941年年初至1942年8月　世界书局桂林分局经理

（其间1941年5月协办广西文化供应社重庆办事处）（二十五岁）

1942年8月至1958年秋　随丰子恺去重庆

1942年8月至1943年秋　国立艺专出纳股主任（二十六岁）

1943年秋至1944年　贩书桂林重庆间（二十七岁）

1944年—1952年　创办万光书局后并入联合书店

1945年11月　结婚（二十八岁）

1948年　顶进三联书店，遭国民党逮捕（三十一岁）

1949年　兼任重庆联合图书出版社理事会主席（三十二岁）

1950年　出席全国出版工作会议（三十三岁）

1951年　"三反五反"运动中遭诬陷被捕（三十五岁）

1952年冬至1956年　失业（三十九岁）

1956年至1958年春　新渝书店中一门市部经理（四十一岁）

1958年春秋　被错划右派，下放南桐矿区农村

1958年秋至1979年　桐乡八泉庙头村：

1958年秋　离开重庆回乡

1958年至1978年　农民（六十一岁）

1958年至1979年　平反落实政策（六十二岁）

图书在版编目（CIP）数据

逃难记：章桂和丰子恺的风雨人生 / 张振刚著.—杭州：浙江大学出版社，2016.10

（沧海文丛）

ISBN 978-7-308-15954-8

Ⅰ.①逃… Ⅱ.①张… Ⅲ.①丰子恺（1898-1975）-传记 ②章桂（1917-2009）-传记 Ⅳ.①K825.72 ②K825.42

中国版本图书馆 CIP 数据核字（2016）第 131573 号

逃难记

——章桂和丰子恺的风雨人生

张振刚 著

责任编辑	罗人智	
责任校对	徐 婵	
封面设计	卿 松	
出版发行	浙江大学出版社	
	（杭州市天目山路 148 号 邮政编码 310007）	
	（网址：http://www.zjupress.com）	
排 版	浙江时代出版服务有限公司	
印 刷	浙江印刷集团有限公司	
开 本	880mm×1230mm 1/32	
印 张	7.75	
字 数	153千	
版 印 次	2016年10月第1版 2016年10月第1次印刷	
书 号	ISBN 978-7-308-15954-8	
定 价	45.00元	
